메이첸 헬라어 작문

[영어를 헬라어로, 동사분해와 한역]

조 운 일 지음

메이첸 헬라어 작문

2024년 4월 15일 초 판 1쇄 인쇄
2024년 4월 20일 초 판 1쇄 발행

저 자 • 조 운 일
발행인 • 조 경 혜
발행처 • 도서출판 그리심
07030 서울시 동작구 사당로2길 72 인정 B동 (B01)

등록번호 • 제 7-258호(1998. 4. 23)
출 판 사 • 전화 523-7589 팩스 523-7590
전자우편 • grisimcho@hanmail.net
홈페이지 • grisim.net
• grisim.biz

ISBN 978-89-5799-505-1

머리말

메이첸의 *New Testament Greek for Beginners* (1923) 이후 나온 헬라어 문법책이 많지만, 이 책은 여전히 고전으로서의 가치를 인정받고 있는 것 같다. 이번에 이 책의 작문 풀이집을 내게 된 것은 대학의 신학과나 신학대학원에서의 헬라어 교육이 시간에 쫓겨 헬라어에서 모국어로 번역하는 데 급급한 현실에서 조금 더 깊이 있는 학습을 바라는 이들의 기대가 있기 때문이다. 그런데 저자가 알기로 현재까지 영어, 헬라어, 한국어가 비교 및 대조되어 나온 책이 없었다. 또한 해외, 특별히 선교지 신학교들을 비거주 순회 자비량 선교사로 10년 넘게 방문하여 강의하는 가운데 알게된 바, 열악한 선교지 신학교라는 환경에서도 작문을 포기하지 않는 지독한(?) 선교사 교수 요원들의 헌신에 의해서 현지인 목회자들의 강단이 원어로 더 풍성해지고 있다는 고무적인 소식을 듣기 때문이다.

본서의 내용 구성은 단순하다. 먼저 메이첸 원서의 3과부터 33과까지에 있는(1과[알파벳], 2과[악센트]에는 작문 문제가 없음) 영어 연습문제들을 헬라어르 옮기고 동사를 분해한 후, 언어 유형상 친족 관계가 없는 한국어 문장을 가장 마지막에 배치하였다. 친족 관계인 영어와 헬라어를 이어 배치함으로써 두 언어가 바로 비교되게 하였고, 이어 문장의 가장 중요한 요소인 동사를 분해한 후, 영어에서 헬라어로 번역된 문장들을 한국어로 또 번역하여 대조가 가능하게 하였다. 한편, 한국어에서 헬라어로의 작문은 배치된 순서를 뒤집어서 한국어 문장이 헬라어 문장으로 어떻게 표현되는지 살펴보면서 각 동사의 분해를 참조하면 되겠다. 그리고 책 마지막에는 급한 대로 사전 기능을 발휘할 수 있는 헬-한 및 한-헬 어휘집을 배치하였다.

1992년부터 33년째 헬라어를 가르치는 중이다. 그 33년의 경험을 이 쉽지 않은 책에 다 담으려고 노력했다. 이 모든 일이 가능하도록 생명의 주가 되신 그분에게 모든 영광을 돌린다. 또, 배우고 가르칠 수 있는 기회와 여건을 만들어 주신 모든 분들에게 감사드린다. 지난 세월 강단에서는 좋은 교수가 되기 위해 최선의 노력을 다한 것 같지만, 사랑하는 가족들에게는 희생만 요구했던 것 같아 미안하다. 더 좋은 아들, 더 좋은 남편, 더 좋은 아빠이지 못했던 아쉬움을 이 책이 좀 달래주기 바라는 것은 너무 이기적이고 편파적인 기대일까... 끝으로, 내 책을 흔쾌히 내주시는 그리심 출판사 조경혜 권사님과 편집의 지루한 과정에 동참하며 이 책의 헬라어 글꼴을 Accordance체로 선택하도록 아이디어를 공유해 주신 장종길 장로님께 감사드린다.

이 책을 접하는 모든 이들의 헬라어, 영어, 한국어에 진보가 있기를, 또한 이를 통해 각자의 강단사역, 말씀사역이 풍성해지기를 기원한다.

2024년 4월

조운일

차 례

3과 현재 능동태 직설법

-표기법: 동사 어간에 밑줄을 그어 어미와 구분한다.

*10과 이후 합성동사의 전치사 부분 및 11과 이후 접두모음과도 구분함.

-영어나 한국어와 달리 헬라어에서는 동사의 어미로 그 동작 주체의 인칭과 수가 드러난다. 인칭에는 1인칭, 2인칭, 3인칭이, 수에는 단수, 복수가 있다. 이하에서 이 둘의 조합을 간략히 '1단, 2단, 3단, 1복, 2복, 3복'과 같이 표현한다.

1. (1) we are knowing

γινωσκομεν

어간(알다)+어미(우리)

1복

γινώσκομεν

우리가 알고 있다

*영어나 한국어의 현재진행은 헬라어에서 현재와 형태가 같다(미완상).

(2) we see

βλεπομεν

어간(알다)+어미(우리)

1복

γινώσκομεν

우리가 본다

(3) we are seeing

βλεπομεν

어간(보다)+어미(우리)

1복

βλέπομεν

우리가 보고 있다

2. (1) they are loosing

λυουσι

어간(풀다)+어미(그들)

3복

λύουσι

그들이 풀고 있다

(2) they loose

λυουσι

어간(풀다)+어미(그들)

3복

λύουσι

그들이 푼다

(3) he looses

λυει

어간(풀다)+어미(그)

3단

λύει

그가 푼다

3. (1) he is loosing

λυει

어간(풀다)+어미(그)

3단

λύει

그가 풀고 있다

(2) ye* have

ἐχετε

어간(가지다)+어미(너희)

2복

ἔχετε

너희가 가진다

*영어 2인칭 대명사의 형태가 단·복수 동일하게 you이므로 이 둘을 구분하기 위해 필요한 경우 고형을 사용한다.
thou loosest, etc., *ye loose,* etc. (Machen, 22)

(3) thou knowest

γινωσκεις

어간(알다)+어미(너)

2단

γινώσκεις

네가 안다

4. (1) I am taking

λαμβανω

어간(취하다)+어미(나)

1단

λαμβάνω

내가 취하고 있다

(2) we know

γινωσκομεν

어간(알다)+어미(우리)

1복

γινώσκομεν

우리가 안다

(3) they say

λεγουσι

어간(말하다)+어미(그들)

3복

λέγουσι

그들이 말한다

5. (1) he has

ἐχει

어간(가지다)+어미(그)

3단

ἔχει

그가 가진다

(2) we are writing

γραφομεν

어간(쓰다)+어미(우리)

1복

γράφομεν

우리가 쓰고 있다

(3) they see

βλεπουσι

어간(보다)+어미(그들)

3복

βλέπουσι

그들이 본다

4과 2변화 명사

-어순 관련 지침: 본서는 헬라어 작문 풀이집으로 어순이 상당히 유사한 영어를 헬라어로 먼저 작문하고, 동사 명세를 한 후 한국어를 마지막에 배치하였다. 한국어의 기본 어순은 동사가 문장의 마지막에 오는데, 영어 및 헬라어의 어순과 분명한 대조를 이룬다.

1. A servant is writing a law.
   δοῦλος γράφει νομον.
   동사: 3단
   (한) 종이 (한) 율법을 쓰고 있다.

2. A son sees words.
   υἱὸς βλέπει λόγους.
   동사: 3단
   (한) 아들이 말씀들을 본다.

3. Brothers are loosing servants.
   ἀδελφοὶ λύουσι δούλους.
   동사: 3복
   형제들이 종들을 풀고 있다.

4. Sons take gifts.
   υἱοὶ λαμβάνουσι δῶρα.
   동사: 3복
   아들들이 선물들을 취한다.

5. An apostle sees a servant and a gift.
   ἀπόστολος βλέπει δοῦλον καὶ δῶρον.
   동사: 3단
   사도가 (한) 종과 (한) 선물을 본다.

6. Servants and sons are saying a word to a brother.
   δοῦλοι και υἱοὶ λέγουσι λόγον ἀδελφῷ.
   동사: 3복
   종들과 아들들이 (한) 형제에게 (한) 말씀을 말하고 있다.

7. We see gifts and servants.
   βλέπομεν δῶρα καὶ δούλους.
   동사: 1복
   우리가 선물들과 종들을 본다.

8. Men see words and gifts of a brother and houses of apostles and sons.
   ἄνθρωποι βλέπουσι λόγους καὶ δῶρα ἀδελφοῦ καὶ οἴκους ἀποστόλων καὶ υἱῶν.
   동사: 3복
   사람들이 (한) 형제의 말씀들과 선물들 그리고 사도들과 아들들의 집들을 본다.

9. Words and laws we write to brethren; a word of death we say to a servant.
λόγους καὶ νόμους γράφομεν ἀδελφοῖς· λόγος θανάτου λέγομεν δούλῳ.
동사: 1복x2
우리가 형제들에게 말씀들과 율법들을 쓴다; 우리가 (한) 종에게 죽음의 말씀을 말한다.

10. A son is seeing temples and houses.
υἱὸς βλέπει ἱερὰ καὶ οἴκους.
동사: 3단
(한) 아들이 성전들과 집들을 보고 있다.

11. Ye know death.
γινώσκετε θάνατον.
동사: 2복
너희가 죽음을 안다.

12. Thou takest an apostle's gift (= a gift of an apostle).
λαμβάνεις δῶρον ἀποστόλου*.
동사: 2단
네가 (한) 사도의 선물을 취한다.

*헬라어에서 소유격 수식은 일반적으로 뒤에서 앞으로 한다.

13. Thou art writing a brother's word to a servant.
γράφεις λόγον ἀδελφοῦ δούλῳ.
동사: 2단
네가 (한) 형제의 말씀을 (한) 종에게 쓰고 있다.

14. I loose servants and say words to sons and brothers.
λύω δούλους καὶ λέγω λόγους υἱοῖς καὶ ἀδελφοῖς.
동사: 1단x2
내가 종들을 풀며 아들들과 형제들에게 말씀들을 말한다.

15. A son sees death.
υἱὸς βλέπει θάνατον.
동사: 3단
(한) 아들이 죽음을 본다.

16. They know laws and teach servants of an apostle.
γινώσκουσι νόμους καὶ διδάσκουσι δούλους ἀποστόλου.
동사: 3복x2
그들이 율법들을 알며 (한) 사도의 종들을 가르친다.

5과 1변화 명사

1. A kingdom takes glory.
   βασιλεία λαμβάνει δόξαν.
   동사: 3단
   (한) 왕국이 영광을 취한다.

2. Churches are saying parables to hearts of men.
   ἐκκλησίαι λέγουσι παραβολὰς καρδίαις ἀνθρώπων.
   동사: 3복
   교회들이 비유들을 사람들의 마음들에게 말하고 있다.

3. A heart of a man is teaching an apostle, and a voice of an apostle is teaching a servant.
   καρδία ἀνθρώπου διδάσκει ἀπόστολον, καὶ φωνὴ ἀποστόλου διδάσκει δοῦλον.
   동사: 3단x2
   (한) 사람의 마음이 (한) 사도를 가르치고 있으며, (한) 사도의 음성이 (한) 종을 가르치고 있다.

4. We have writings of apostles.
   ἔχομεν γραφὰς ἀποστόλων.
   동사: 1복
   우리가 사도들의 기록물들을 가진다.

5. Churches have peace and glory.
ἐκκλησίαι ἔχουσιν εἰρήνην καὶ δόξαν.
동사: 3복
교회들이 평화와 영광을 가진다.

6. A day sees life and death.
ἡμέρα βλέπει ζωὴν καὶ θάνατον.
동사: 3단
(한) 날이 생명과 죽음을 본다.

7. Apostles take temples and kingdoms.
ἀπόστολοι λαμβάνουσιν ἱερὰ καὶ βασιλείας.
동사: 3복
사도들이 성전들과 왕국들을 취한다.

8. We see houses and temples and churches.
βλέπομεν οἴκους καὶ ἱερὰ καὶ ἐκκλησίας.
동사: 1복
우리가 집들과 성전들과 교회들을 본다.

9. A servant says a parable to hearts of men.
δοῦλος λέγει παραβολὴν καρδίαις ἀνθρώπων.
동사: 3단
(한) 종이 (한) 비유를 사람들의 마음들에게 말한다.

10. We know voices of churches and words of truth.
γινώσκομεν φωνὰς ἐκκλησιῶν καὶ λόγους ἀληθείας.
동사: 1복
우리가 교회들의 음성들과 진리의 말씀들을 안다.

11. A voice of an apostle says a parable to souls of men.
φωνὴ ἀποστόλου λέγει παραβολὴν ψυχαῖς ἀνθρώπων.
동사: 3단
(한) 사도의 음성이 사람들의 혼들에게 (한) 비유를 말한다.

6과 형용사, 관사

1. To the first church the Lord writes the first parable.
τῇ πρώτῃ ἐκκλησίᾳ ὁ κύριος γράφει τὴν πρώτην παραβολήν.
τῇ ἐκκλησίᾳ τῇ πρώτῃ τὴν παραβολὴν τὴν πρώτην*
동사: 3단
그 첫 교회에게 주님은 그 첫 비유를 쓰신다.
*형용사 관형적 용법의 어순은 관사-형용사-명사 또는 관사-명사-관사-형용사.

2. The good woman sees the ways of the desert.
ἡ ἀγαθὴ βλέπει τὰς ὁδοὺς* τῆς ἐρήμου*.
동사: 3단
그 선한 여자가 그 광야의 길들을 본다.
*주의: 2변화 여성명사

3. The good things are first and the bad things last.
τὰ ἀγαθὰ πρῶτα καὶ τὰ κακὰ ἔσχατα.
πρῶτα τὰ ἀγαθὰ ἔσχατα τὰ κακά*
동사 역할: 형용사의 서술적 용법x2
그 좋은 것들은 처음이고 그 나쁜 것들은 마지막이다.
*형용사 서술적 용법의 어순은 관사-명사-형용사 또는 형용사-관사-명사.

4. Death is bad and life is good.
ὁ θάνατος κακὸς καὶ ἡ ζωὴ ἀγαθή.
κακὸς ὁ θάνατος ἀγαθὴ ἡ ζωή
동사 역할: 형용사의 서술적 용법x2
죽음은 나쁘고 생명은 좋다.

*영어에서는 관사를 갖지 않는 ζωή와 같은 추상명사들이 헬라어에서는 보통 관사를 갖는다(Machen, 38).

5. The Lord of the kingdom raises up the faithful men and the faithful women.
ὁ κύριος τῆς βασιλείας ἐγείρει τοὺς πιστοὺς καὶ τὰς πιστάς.
동사: 3단
그 왕국의 주님이 그 신실한 자들과 그 신실한 여자들을 일으키신다.

6. The good know the bad, and the bad the good.
οἱ ἀγαθοὶ γινώσκουσι τοὺς κακούς, καὶ οἱ κακοὶ τοὺς ἀγαθούς.
동사: 3복
그 선한 자들은 그 나쁜 자들을 알고, 그 나쁜 자들은 그 선한 자들을 (안다).

7. The good words we say to the Church, and the bad words we write to the brethren.
τοὺς ἀγαθοὺς λόγους λέγομεν τῇ ἐκκλησίᾳ, καὶ
τοὺς λόγους τοὺς ἀγαθοὺς
τοὺς κακοὺς λόγους γράφομεν τοῖς ἀδελφοῖς.
τοὺς λόγους τοὺς κακοὺς
동사: 1복x2
우리가 그 교회에게는 그 좋은 말들을 말하며, 그 형제들에게는 그 나쁜 말들을 쓴다.

8. Thou seest the good days of the Lord of life.
βλέπεις τὰς ἀγαθὰς ἡμέρας τοῦ κυρίου τῆς ζωῆς.
τὰς ἡμέρας τὰς ἀγαθὰς
동사: 2단
네가 생명의 주님의 그 좋은 날들을 본다.

9. The roads are good and the men bad.
αἱ ὁδοὶ ἀγαθαὶ καὶ οἱ ἄνθρωποι κακοί.
ἀγαθαὶ αἱ ὁδοὶ κακοὶ οἱ ἄνθρωποι
동사 역할: 형용사의 서술적 용법x2
그 길들은 좋고 그 사람들은 나쁘다.

10. The first gift is last and the last (gift) first.
τὸ πρῶτον δῶρον ἔσχατον καὶ τὸ ἔσχατον πρῶτον.
ἔσχατον τὸ πρῶτον δῶρον πρῶτον τὸ ἔσχατον
동사 역할: 형용사의 서술적 용법x2
그 처음 선물은 마지막이고 그 마지막 (선물)은 처음이다.

11. The good servants know the truth and the glory of the Lord.
οἱ ἀγαθοὶ δοῦλοι γινώσκουσι τὴν ἀλήθειαν καὶ τὴν δόξαν
οἱ δοῦλοι οἱ ἀγαθοὶ
τοῦ κυρίου.
동사: 3복
그 선한 종들은 주님의 진리와 영광을 안다.

12. The last day takes the bad servants.
ἡ ἐσχάτη ἡμέρα λαμβάνει τοὺς κακοὺς δούλους.
ἡ ἡμέρα ἡ ἐσχάτη τοὺς δούλους τοὺς κακούς
동사: 3단
그 마지막 날은 그 나쁜 종들을 취한다.

13. The men are destroying the beautiful temples and the small houses.
οἱ ἄνθρωποι λύουσι τὰ καλὰ ἱερὰ καὶ τοὺς μικροὺς οἴκους.
τὰ ἱερὰ τὰ καλὰ τοὺς οἴκους τοὺς μικρούς
동사: 3복
그 사람들이 그 아름다운 성전들과 그 작은 집들을 파괴하고 있다.

14. The righteous have another house.
οἱ δίκαιοι ἔχουσιν ἄλλον οἶκον.
동사: 3복
그 의로운 자들이 (한) 다른 집을 가진다.

15. The church is taking the other house.
ἡ ἐκκλησία λαμβάνει τὸν ἄλλον οἶκον.

동사: 3단

그 교회가 그 다른 집을 취한다.

16. I know the other ways.
γινώσκω τὰς ἄλλας ὁδούς.
τὰς ὁδοὺς τὰς ἄλλας

동사: 1단

나는 그 다른 길들을 안다.

17. The Lord is saying the other parable to the first church.
ὁ κύριος λέγει τὴν ἄλλην παραβολὴν τῇ πρώτῃ ἐκκλησίᾳ.
τὴν παραβολὴν τὴν ἄλλην τῇ ἐκκλησίᾳ τῇ πρώτῃ

동사: 3단

주님께서 그 처음 교회에게 그 다른 비유를 말씀하고 계신다.

7과 전치사

-표기법: 본 7과부터 마지막 33과까지 전치사구는 노란색 형광펜으로 표시한다.

1. In the world we have death, and in the Church life.
   ἐν τῷ κόσμῳ ἔχομεν θάνατον, καὶ ἐν τῇ ἐκκλησίᾳ ζωήν.
   동사: 1복
   그 세상 안에서는 우리가 죽음을 가지며, 그 교회 안에서는 생명을 (가진다).
   (우리가 그 세상 안에서는 죽음을, 그리고 그 교회 안에서는 생명을 가진다.)

2. The prophets lead the righteous disciples of the Lord into the way of the desert.
   οἱ προφῆται ἄγουσι τοὺς δικαίους μαθητὰς τοῦ κυρίου εἰς τὴν ὁδὸν τῆς ἐρήμου.
   동사: 3복
   그 선지자들이 주님의 의로운 제자들을 그 광야의 길 안으로 인도한다.

3. The child is throwing a stone into the little house.
   τὸ τέκνον βάλλει λίθον εἰς τὸν μικρὸν οἶκον.
   동사: 3단
   그 아이가 그 작은 집 안으로 (한) 돌을 던지고 있다.

4. The man is saying a good word to* the disciples and is leading the disciples to* the Lord.
ὁ ἄνθρωπος λέγει ἀγαθὸν λόγον τοῖς μαθηταῖς καὶ ἄγει τοὺς μαθητὰς πρὸς τὸν κύριον.
동사: 3단x2
그 사람이 그 제자들에게 (한) 좋은 말씀을 말하고 있으며 주님에게 그 제자들을 인도하고 있다.

*주의: 이 문장에서 영어 단어 to가 두 가지 다른 방식으로 사용되었음(Machen 43). 즉, 간접목적어로서의 여격과 방향을 나타내는 전치사.

5. The disciples are remaining in the church and are saying a parable to the other prophets.
οἱ μαθηταὶ μένουσιν ἐν τῇ ἐκκλησίᾳ καὶ λέγουσι παραβολὴν τοῖς ἄλλοις προφήταις.
동사: 3복x2
그 제자들이 그 교회 안에 머물고 있으며 그 다른 선지자들에게 (한) 비유를 말하고 있다.

6. Through the voice of the prophet the Lord is teaching the disciples.
διὰ τῆς φωνῆς τοῦ προφήτου ὁ κύριος διδάσκει τοὺς μαθητάς.
동사: 3단
그 선지자의 음성을 통하여 주님이 그 제자들을 가르치고 계신다.

7. On account of the Church the disciples and the apostles write good words to the brethren.
   διὰ τὴν ἐκκλησίαν οἱ μαθηταὶ καὶ οἱ ἀπόστολοι γράφουσιν ἀγαθοὺς λόγους τοῖς ἀδελφοῖς.
   동사: 3복
   그 교회 때문에 그 제자들과 그 사도들이 그 형제들에게 좋은 말씀들을 쓴다.

8. On account of the children the prophet is sending the evil men into the desert.
   διὰ τὰ τέκνα ὁ προφήτης πέμπει τοὺς πονηροὺς ἀνθρώπους εἰς τὴν ἔρημον.
   동사: 3단
   그 아이들 때문에 그 선지자는 그 악한 사람들을 그 광야로 보내고 있다.

9. After the Lord the apostle sees the disciple.
   μετὰ τὸν κύριον ὁ ἀπόστολος βλέπει τὸν μαθητήν.
   동사: 3단
   주님 후에 그 사도가 그 제자를 본다.

10. The prophets are teaching the disciples with the children.
    οἱ προφῆται διδάσκουσι τοὺς μαθητὰς μετὰ τῶν τέκνων.
    동사: 3복
    그 선지자들이 그 제자들을 그 아이들과 함께 가르치고 있다.

11. They are bringing the disciples to the Lord.
φέρουσι τοὺς μαθητὰς πρὸς τὸν κύριον.
동사: 3복
그들은 그 제자들을 주님께 데려가고 있다.

12. The Lord is remaining with the prophet in another place.
ὁ κύριος μένει μετὰ τοῦ προφήτου ἐν ἄλλῳ τόπῳ.
동사: 3단
주님께서 그 선지자와 함께 (한) 다른 장소에 머물고 계신다.

13. The righteous are leading the disciples through the desert to the Lord.
οἱ δίκαιοι ἄγουσι τοὺς μαθητὰς διὰ τῆς ἐρήμου πρὸς τὸν κύριον.
동사: 3복
그 의로운 자들이 그 광야를 통하여 그 제자들을 주님에게로 인도하고 있다.

14. We see the days of the Son of God in the evil world.
βλέπομεν τὰς ἡμέρας τοῦ υἱοῦ τοῦ θεοῦ ἐν τῷ πονηρῷ κόσμῳ.
동사: 1복
우리가 그 악한 세상에서 하나님의 아들의 날들을 본다.

15. Evil are the days; good are the churches.
πονηραὶ αἱ ἡμέραι· ἀγαθαὶ αἱ ἐκκλησίαι.
동사 역할: 형용사의 서술적 용법x2
그 날들은 악하다; 그 교회들은 선하다.

16. Through the word of the Lord God raises the dead.
διὰ τοῦ λόγου τοῦ κυρίου ὁ θεὸς ἐγείρει τοὺς νεκρούς.
동사: 3단
주님의 말씀을 통하여 하나님은 그 죽은 자들을 일으키신다.

8과 인칭대명사

1. Your servants are in the house of the Lord.
   οἱ δοῦλοι ὑμῶν εἰσιν ἐν τῷ οἴκῳ τοῦ κυρίου.
   동사: 3복
   너희의 종들이 주님의 집 안에 있다.

2. My house is in the desert.
   ὁ οἶκός μού ἐστιν ἐν τῇ ἐρήμῳ.
   동사: 3단
   나의 집은 그 광야 안에 있다.

3. The prophet knows his disciples and brings them into his houses.
   ὁ προφήτης γινώσκει τοὺς μαθητὰς αὐτοῦ καὶ φέρει αὐτοὺς εἰς τοὺς οἴκους αὐτοῦ.
   동사: 3단x2
   그 선지자는 그의 제자들을 알며 그들을 그의 집들 안으로 데려간다.

4. Through my word ye have glory.
   διὰ τοῦ λόγου μου ἔχετε δόξαν.
   동사: 2복
   나의 말씀을 통하여 너희는 영광을 가진다.

5. On account of our children ye see evil days.
διὰ τὰ τέκνα ἡμῶν βλέπετε πονηρὰς ἡμέρας.
동사: 2복
우리의 아이들 때문에 너희가 악한 날들을 본다.

6. In our days the world is evil.
ἐν ταῖς ἡμέραις ἡμῶν ὁ κόσμος πονηρός ἐστιν.
동사: 3단
우리의 날들에 그 세상은 악하다.

7. God knows our souls and brings them out of death.
ὁ θεὸς γινώσκει τὰς ψυχὰς ἡμῶν καὶ φέρει αὐτὰς ἐκ τοῦ θανάτου.
동사: 3단x2
하나님은 우리의 혼들을 아시고 그것들을 죽음 밖으로 데려가신다.

8. Ye are our sons and we are your disciples.
οἱ υἱοὶ ἡμῶν ἐστε καὶ οἱ μαθηταὶ ὑμῶν ἐσμεν.
동사: 2복, 1복
너희는 우리의 아들들이고 우리는 너희의 제자들이다.

9. We are in the kingdom of God with Thy faithful disciples.
ἐν τῇ βασιλείᾳ τοῦ θεοῦ ἐσμεν μετὰ τῶν πιστῶν μαθητῶν σου.
동사: 1복
우리는 하나님의 왕국 안에 당신의 신실한 제자들과 함께 있다.

10. We say a parable to thee, but thou sayest another word to us.
λέγομέν σοι παραβολήν, λέγεις δὲ ἡμῖν ἄλλον λόγον.
동사: 1복, 2단
우리는 당신에게 (한) 비유를 말한다. 그러나 당신은 우리에게 다른 말씀을 말한다.

11. The way is bad, but we lead the children in it.
ἡ ὁδός ἐστι κακός, ἄγομεν δὲ τὰ τέκνα ἐν αὐτῇ*.
동사: 3단, 1복
그 길은 나쁘다. 그러나 우리는 그 아이들을 그 안에서 인도한다.

*주의: 영어 대명사 'it'의 선행사 'way'가 헬라어에서는 여성이므로 대명사도 여성이어야 함.

12. My brother takes gifts from you, but ye write an evil word to him.
ὁ ἀδελφός μου λαμβάνει δῶρα ἀφ᾽ ὑμῶν, γράφετε δὲ πονηρὸν λόγον αὐτῷ.
동사: 3단, 2복
나의 형제가 너희로부터 선물들을 취한다. 그러나 너희는 그에게 악한 말을 쓴다.

13. My house is bad, but your disciples bring the children out of it.
ὁ οἶκός μού ἐστι κακός, οἱ δὲ μαθηταὶ ὑμῶν φέρουσι τὰ τέκνα ἐξ αὐτοῦ.
동사: 3단, 3복
나의 집은 나쁘다. 그러나(그래서) 너희의 제자들이 그 아이들을 그곳 밖으로 데려간다.

14. My disciples are leading their brethren to me.
οἱ μαθηταί μου ἄγουσι τοὺς ἀδελφοὺς αὐτῶν πρός με.
동사: 3복
나의 제자들이 그들의 형제들을 나에게로 인도하고 있다.

15. I see and know my sons and lead them to my Lord.
βλέπω καὶ γινώσκω τοὺς υἱούς μου καὶ ἄγω αὐτοὺς πρὸς τὸν κύριόν μου.
동사: 1단x3
나는 나의 아들들을 보고 알며 그들을 나의 주님에게로 인도한다.

16. God knows his Church and leads it out of death into his kingdom.
ὁ θεὸς γινώσκει τὴν ἐκκλησίαν αὐτοῦ καὶ ἄγει αὐτὴν ἐκ θανάτου εἰς τὴν βασιλείαν αὐτοῦ.
동사: 3단x2
하나님께서 그의 교회를 아시고 그것을 죽음 밖으로 그의 왕국 안으로 인도하신다.
*주의: 영어 'it', 한국어 '그것'의 선행사는 '교회'이므로 헬라어 대명사는 여성임.

17. Thy commandments are good and righteous, and lead us into life.
αἱ ἐντολαί σού εἰσιν ἀγαθαὶ καὶ δίκαιαι, καὶ ἄγουσι ἡμᾶς εἰς τὴν ζωήν.
동사: 3복x2
당신의 계명들은 선하고 의로우며, 우리를 생명으로 인도한다.

18. Our Lord is sending His* apostles to me.
ὁ κύριος ἡμῶν πέμπει τοὺς ἀποστόλους αὐτοῦ πρός με.
동사: 3단
우리 주님이 그분의 사도들을 나에게 보내고 계신다.
*이후 대문자로 시작되는 영어 대명사는 삼위 하나님을 가리키므로 '그분'으로 한역.

19. We are sending our servants into your house, but ye are taking our gifts from us.
πέμπομεν τοὺς δούλους ἡμῶν εἰς τὸν οἶκον ὑμῶν, λαμβάνετε δὲ τὰ δῶρα ἡμῶν ἀφ᾽ ἡμῶν.
동사: 1복, 2복
우리는 우리의 종들을 너희의 집 안으로 보내고 있다. 그러나 너희는 우리의 선물들을 우리로부터 취하고 있다.

20. Ye are good, but your disciples are evil.
ἀγαθοί ἐστε, πονηροὶ δέ εἰσιν οἱ μαθηταὶ ὑμῶν.
동사: 2복, 3복
너희는 선하다. 그러나 너희의 제자들은 악하다.

9과 지시대명사

1. These churches know the Lord Himself.
   αὗται αἱ ἐκκλησίαι γινώσκουσι τὸν κύριον αὐτόν.
   αἱ ἐκκλησίαι αὗται αὐτὸν τὸν κύριον
   동사: 3복
   이 교회들은 주님 자신을 안다.

2. The same disciples know Him and see His face.
   οἱ αὐτοὶ μαθηταὶ γινώσκουσιν αὐτὸν καὶ βλέπουσι τὸ
   οἱ μαθηταὶ οἱ αὐτοὶ
   πρόσωπον αὐτοῦ.
   동사: 3복x2
   같은 그 제자들이 그분을 알며 그분의 얼굴을 본다.

3. Those teachers judge the same churches and lead them into the same joy.
   ἐκεῖνοι οἱ διδάσκαλοι κρίνουσι τὰς αὐτὰς ἐκκλησίας καὶ
   οἱ διδάσκαλοι ἐκεῖνοι τὰς ἐκκλησίας τὰς αὐτὰς
   ἄγουσιν αὐτὰς εἰς τὴν αὐτὴν χαράν.
   τὴν χαρὰν τὴν αὐτήν
   동사: 3복x2
   저 선생들이 바로 그 교회들을 심판하며 그들을 같은 그 기쁨 안으로 인도한다.

4. We ourselves have this sin in our hearts.
αὐτοὶ ἔχομεν ταύτην τὴν ἁμαρτίαν ἐν ταῖς καρδίαις ἡμῶν.
τὴν ἁμαρτίαν ταύτην

동사: 1복

우리 자신들이 이 죄를 우리 마음들 안에 가진다.

5. This is the love of our God.
αὕτη ἐστιν ἡ ἀγάπη τοῦ θεοῦ ἡμῶν.
동사: 3단

이것이 우리 하나님의 사랑이다.

6. These are the faithful churches of our Lord.
αὗταί εἰσιν αἱ πισταὶ ἐκκλησίαι τοῦ κυρίου ἡμῶν.
αἱ ἐκκλησίαι αἱ πισταὶ

동사: 3복

이들이 우리 주님의 신실한 교회들이다.

7. The apostle himself baptizes his brothers and leads them to thee.
ὁ ἀπόστολος αὐτὸς βαπτίζει τοὺς ἀδελφοὺς αὐτοῦ καὶ ἄγει
αὐτὸς ὁ ἀπόστολος
αὐτοὺς πρὸς σέ.
동사: 3단x2

그 사도 자신이 그의 형제들에게 세례를 베풀고 그들을 너에게로 인도한다.

8. Through this gospel we have life.
διὰ τοῦ εὐαγγελίου τούτου ἔχομεν τὴν ζωήν.
τούτου τοῦ εὐαγγελίου
동사: 1복
이 복음을 통하여 우리는 생명을 가진다.

9. On account of these teachers we see death.
διὰ τοὺς διδασκάλους τούτους βλέπομεν τὸν θάνατον.
τούτους τοὺς διδασκάλους
동사: 1복
이 선생들 때문에 우리는 죽음을 본다.

10. He Himself knows us and from Him we receive this promise.
αὐτὸς γινώσκει ἡμᾶς καὶ ἀπ᾽ αὐτοῦ λαμβάνομεν ταύτην τὴν ἐπαγγελίαν.
τὴν ἐπαγγελίαν ταύτην
동사: 3단, 1복
그 자신이 우리를 알며 우리는 그분로부터 이 약속을 받는다(취한다).

11. On account of the same gospel we ourselves send these apostles to you.
διὰ τὸ αὐτὸ εὐαγγέλιον πέμπομεν αὐτοὶ
τὸ εὐαγγέλιον τὸ αὐτὸ
τούτους τοὺς ἀποστόλους πρὸς ὑμᾶς.
τοὺς ἀποστόλους τούτους
동사: 1복
같은 그 복음 때문에 우리 자신들이 이 사도들을 너희에게 보낸다.

12. Into this world he sends the Lord Himself.
εἰς τοῦτον τὸν κόσμον πέμπει αὐτὸν τὸν κύριον.
τὸν κόσμον τοῦτον τὸν κύριον αὐτόν
동사: 3단
그가 주님 자신을 이 세상 안으로 보낸다.

13. I see this man and the brethren see him.
βλέπω τοῦτον καὶ οἱ ἀδελφοὶ βλέπουσιν αὐτόν.
동사: 1단, 3복
내가 이 사람을 보며 그 형제들이 그를 본다.

14. Now we are baptizing those disciples of our Lord and are sending the same disciples into the desert.
νῦν βαπτίζομεν ἐκείνους τοὺς μαθητὰς τοῦ κυρίου ἡμῶν
τοὺς μαθητὰς ἐκείνους
καὶ πέμπομεν τοὺς αὐτοὺς μαθητὰς εἰς τὴν ἔρημον.
동사: 1복x2
지금 우리는 우리 주님의 저 제자들에게 세례를 베풀고 있으며 바로 그 제자들을 그 광야 안으로 보낸다.

15. My disciples know my voice and bring these things to me.
οἱ μαθηταί μου γινώσκουσι τὴν φωνήν μου καὶ φέρουσι ταῦτα πρός με.
동사: 3복x2
나의 제자들은 나의 음성을 알며 나에게 이것들을 가져온다.

16. Through these things we bring the same gospel into the same world.
διὰ τούτων φέρομεν τὸ αὐτὸ εὐαγγέλιον εἰς τὸν αὐτὸν κόσμον.
동사: 1복
이것들을 통하여 우리는 같은 그 복음을 같은 그 세상 안으로 가져간다.

17. We are disciples of the Lord, but ye are disciples of the evil one.
μαθηταί ἐσμεν τοῦ κυρίου, μαθηταὶ δέ ἐστε τοῦ πονηροῦ.
동사: 1복, 2복
우리는 주님의 제자들이다, 그러나 너희는 그 악한 자의 제자들이다.

18. This sin leads our children into death.
αὕτη ἡ ἁμαρτία ἄγει τὰ τέκνα ἡμῶν εἰς θάνατον.
ἡ ἁμαρτία αὕτη
동사: 3단
이 죄는 우리의 아이들을 죽음으로 인도한다.

19. The sins of these churches are leading other men into the same sins.
αἱ ἁμαρτίαι τούτων τῶν ἐκκλησιῶν ἄγουσιν ἄλλους
τῶν ἐκκλησιῶν τούτων
ἀνθρώπους εἰς τὰς αὐτὰς ἁμαρτίας.
τὰς ἁμαρτίας τὰς αὐτάς

동사: 3복

이 교회들의 죄들이 다른 사람들을 같은 그 죄들 안으로 인도하고 있다.

20. His disciples have this sin in their hearts and are teaching men so.
οἱ μαθηταὶ αὐτοῦ ἔχουσι ταύτην τὴν ἁμαρτίαν ἐν ταῖς
τὴν ἁμαρτίαν ταύτην
καρδίαις αὐτῶν καὶ οὕτως διδάσκουσι ἀνθρώπους.

동사: 3복x2

그의 제자들이 이 죄를 그들의 마음들 안에 가지고 있고 이와 같이 사람들을 가르치고 있다.

21. I know the sins of the disciples and the disciples themselves.
γινώσκω τὰς ἁμαρτίας τῶν μαθητῶν καὶ
τοὺς μαθητὰς αὐτούς.
αὐτοὺς τοὺς μαθητάς

동사: 1단

나는 그 제자들의 죄들과 그 제자들 자신들을 안다.

10과 현재 중간/수동태 직설법

[동사 분해 순서] 시상/태//인칭/수
시상: **현**재 / 태: **능**동, **수**동, **이**태(deponent) //
인칭: **1**, **2**, **3** / 수: **단**, **복**
(예. -ονται 현/수//3/복=현재 수동태 3인칭 복수)
*법(mood)은 17과까지 모두 직설법이므로 생략한다.
*3과에서 언급한 대로, 이하 합성동사의 전치사 부분에 밑줄을 긋지 않는다.

1. These churches are being saved by God from death.
   αὗται αἱ ἐκκλησίαι σῴζονται ὑπὸ τοῦ θεοῦ ἀπὸ θανάτου.
   동사: 현/수//3/복
   이 교회들은 하나님에 의해 죽음으로부터 구원받고 있다.

2. I am being saved by Him and am being taught by His word.
   σῴζομαι ὑπ᾽ αὐτοῦ καὶ διδάσκομαι τῷ λόγῳ αὐτοῦ.
   동사: 현/수//1/단x2
   나는 그분에 의해 구원받고 있으며 그분의 말씀으로 가르침을 받고 있다.

3. We are becoming disciples of the good apostle, but ye are not hearing his voice.
γινόμεθα μαθηταὶ τοῦ ἀγαθοῦ ἀποστόλου, ἀλλ᾽ οὐκ ἀκούετε τῆς φωνῆς αὐτοῦ.
동사: 현/이//1/복, 현/능//2/복
우리는 그 선한 사도의 제자들이 되고 있다, 그러나 너희는 그의 음성을 듣지 않고 있다.

4. I am a sinner, but am being taught by the apostles of the Lord.
ἁμαρτωλός εἰμι, διδάσκομαι δὲ ὑπὸ τῶν ἀποστόλων τοῦ κυρίου.
동사: 현//1/단*, 현/수//1/단
나는 죄인이다, 그러나 주님의 사도들에 의해 가르침 받고 있다.

*이하 -ω동사가 아닌 εἰμί동사는 '태'를 명세하지 않음.

5. I am an evil servant, but thou art becoming a teacher of this church.
πονηρὸς δοῦλός εἰμι, γίνῃ δὲ διδάσκαλος ταύτης τῆς ἐκκλησίας.
동사: 현//1/단, 현/이//2/단
나는 악한 종이다, 그러나 너는 이 교회의 선생이 되고 있다.

6. The evil men say to those churches that our brethren do not see the face of the Lord.
οἱ πονηροὶ ἄνθρωποι λέγουσιν ἐκείναις ταῖς ἐκκλησίαις ὅτι οἱ ἀδελφοὶ ἡμῶν οὐ βλέπουσι τὸ πρόσωπον τοῦ κυρίου.
동사: 현/능//3/복x2
그 악한 사람들이 저 교회들에게 우리의 형제들이 주님의 얼굴을 보지 않는다고 말한다.

7. The world is being destroyed by the word of our God.
ὁ κόσμος λύεται τῷ λόγῳ τοῦ θεοῦ ἡμῶν.
동사: 현/수//3/단
그 세상은 우리 하나님의 말씀으로 파괴되고 있다.

8. We know the Lord because we receive good gifts from Him and are being taught by Him in parables.
γινώσκομεν τὸν κύριον ὅτι λαμβάνομεν καλὰ δῶρα ἀπ' αὐτοῦ καὶ διδασκόμεθα ὑπ' αὐτοῦ ἐν παραβολαῖς.
동사: 현/능//1/복x2, 현/수//1/복
우리는 주님을 안다. 왜냐하면 우리가 그분으로부터 좋은 선물들을 받고 그분에 의해 비유 안에서(비유로) 가르침을 받고 있기 때문이다.

9. Thou art writing these things to thy brethren and art being saved from thy sin.
γράφεις ταῦτα τοῖς ἀδελφοῖς σου καὶ σώζῃ ἀπὸ τῆς ἁμαρτίας σου.
동사: 현/능//2/단, 현/수//2/단
너는 너의 형제들에게 이것들을 쓰고 있고 너의 죄로부터 구원받고 있다.

10. He is teaching others and is himself being taught by this apostle.
διδάσκει ἄλλους καὶ αὐτὸς διδάσκεται ὑπὸ τούτου τοῦ ἀποστόλου.
동사: 현/능//3/단, 현/수//3/단
그는 다른 이들을 가르치고 있으며 그 자신이 이 사도에 의해 가르침 받고 있다.

11. That disciple is not answering this prophet, because he does not know his words.
ἐκεῖνος ὁ μαθητὴς οὐκ ἀποκρίνεται τούτῳ τῷ προφήτῃ, ὅτι οὐ γινώσκει τοὺς λόγους αὐτοῦ.
동사: 현/이//3/단, 현/능//3/단
저 제자가 이 선지자에게 대답하지 않는다. 왜냐하면 그가 그의 말씀들을 알지 못하기 때문이다.

12. Thou art saying to this church that thou art a bad servant.
λέγεις ταύτῃ τῇ ἐκκλησίᾳ ὅτι εἶ κακὸς δοῦλος.
동사: 현/능//2/단, 현//2/단
너는 이 교회에게 네가 나쁜 종이라고 말하고 있다.

13. You are abiding in that temple, because you are not servants of the Lord.
μένετε ἐν ἐκείνῳ τῷ ἱερῷ, ὅτι οὔκ ἐστε δοῦλοι τοῦ κυρίου.
동사: 현/능//2/복, 현//2/복
너희는 저 성전 안에 머물고 있다. 왜냐하면 너희가 주님의 종들이 아니기 때문이다.

14. We do not see the faces of our Lord's disciples, because we are not in their houses.
οὐ βλέπομεν τὰ πρόσωπα τῶν μαθητῶν τοῦ κυρίου ἡμῶν, ὅτι οὔκ ἐσμεν ἐν τοῖς οἴκοις αὐτῶν.
동사: 현/능//1/복, 현//1/복
우리는 우리 주님의 제자들의 얼굴들을 보지 않는다. 왜냐하면 우리가 그들의 집들 안에 있지 않기 때문이다.

15. In our Lord's house are joy and peace.
ἐν τῷ οἴκῳ τοῦ κυρίου ἡμῶν εἰσι χαρὰ καὶ εἰρήνη.
동사: 현//3/복
우리 주님의 집 안에 기쁨과 평화가 있다.

16. God rules this world by His word.
ὁ θεὸς ἄρχει τούτου τοῦ κόσμου τῷ λόγῳ αὐτοῦ.
동사: 현/능//3/단
하나님께서 이 세상을 그분의 말씀으로 다스리신다.

17. These sinners are not entering into the Lord's house, but are going out into the desert.
οὗτοι οἱ ἁμαρτωλοὶ οὐκ εἰσέρχονται εἰς τὸν οἶκον τοῦ κυρίου, ἀλλὰ ἐξέρχονται εἰς τὴν ἔρημον.
동사: 현/이//3/복x2
이 죄인들이 주님의 집으로 들어가지는 않고, (오히려) 그 광야 안으로 나가고 있다.

18. These words are being written by God to His faithful churches.
οὗτοι οἱ λόγοι γράφονται ὑπὸ τοῦ θεοῦ ταῖς πισταῖς ἐκκλησίαις αὐτοῦ.
동사: 현/수//3/복
이 말씀들이 하나님에 의해 그분의 신실한 교회들에게 기록되고 있다.

11과 미완료 능동태 직설법

[동사 분해 순서] 시상/태//인칭/수
시상: **현**재, **미완**료 / 태: **능**동, **수**동, **이**태 //
인칭: **1**, **2**, **3** / 수: **단**, **복**
(예. ἔλεγε 미완/능//3/단=미완료 능동태 3인칭 단수)
-3과에서 언급한 대로, 이하 접두모음에 밑줄을 긋지 않는다(최소주의: 어간만 표시하여 그 앞에 있는 합성동사의 전치사와 접두모음, 뒤에 있는 어미가 드러나게 함).

1. The servant was saying these words against them.
   ὁ δοῦλος ἔλεγε τούτους τοὺς λόγους κατὰ αὐτῶν.
   동사: 미완/능//3/단
   그 종은 그들을 대항하여 이 말들을 말하고 있었다.

2. According to the word of the apostle, they were going up into the temple.
   κατὰ τὸν λόγον τοῦ ἀποστόλου, ἀνέβαινον εἰς τὸ ἱερόν.
   동사: 미완/능//3/복
   그 사도의 말씀을 따라서 그들은 그 성전으로 올라가고 있었다.

3. The Lord was in His temple.
   ὁ κύριος ἦν ἐν τῷ ἱερῷ αὐτοῦ.
   동사: 미완//3/단
   주님께서 그분의 성전 안에 계셨다.

4. They were killing our children.
ἀπέκτεινον τὰ τέκνα ἡμῶν.
동사: 미완/능//3/복
그들이 우리의 아이들을 죽이고 있었다.

5. Ye were dying in those days on account of the kingdom of God.
ἀπεθνήσκετε ἐν ἐκείναις ταῖς ἡμέραις διὰ τὴν βασιλείαν τοῦ θεοῦ.
동사: 미완/능//2/복
너희는 저 날들에 하나님의 왕국 때문에 죽고 있었다.

6. Thou wast taking away the sins of Thy disciples.
ἦρες τὰς ἁμαρτίας τῶν μαθητῶν σου.
동사: 미완/능//2/단
당신은 당신의 제자들의 죄들을 치워버리고 있었다.

7. The prophet was sending the same servants into the small house.
ὁ προφήτης ἔπεμπε τοὺς αὐτοὺς δούλους εἰς τὸν μικρὸν οἶκον.
동사: 미완/능//3/단
그 선지자가 같은 그 종들을 그 작은 집 안으로 보내고 있었다.

8. We are no longer sinners, because we are being saved by the Lord from the sin of our hearts.
οὐκέτι ἐσμεν ἁμαρτῶλοι, ὅτι σωζόμεθα ὑπὸ τοῦ κυρίου ἀπὸ τῆς ἁμαρτίας τῶν καρδιῶν ἡμῶν.
동사: 현//1/복, 현/수//1/복
우리는 더 이상 죄인들이 아니다, 왜냐하면 우리가 주님에 의해 우리 마음들의 죄로부터 구원을 받고 있기 때문이다.

9. I was receiving this bread from the apostle's servants.
παρελάμβανον τοῦτον τὸν ἄρτον ἀπὸ τῶν δούλων τοῦ ἀποστόλου.
동사: 미완/능//1/단
나는 이 떡을 그 사도의 종들로부터 받고 있었다.

10. Then he was writing these things to his brethren.
τότε ἔγραφε ταῦτα τοῖς ἀδελφοῖς αὐτοῦ.
동사: 미완/능//3/단
그때에 그는 그의 형제들에게 이것들을 쓰고 있었다.

11. In that hour we were in the desert with the Lord.
ἐν ἐκείνῃ τῇ ὥρᾳ ἦμεν ἐν τῇ ἐρήμῳ σὺν τῷ κυρίῳ.
동사: 미완//1/복
저 시간에 우리는 주님과 함께 그 광야에 있었다.

12. They are good, but they were evil.
ἀγαθοί εἰσιν, πονηροὶ δὲ ἦσαν.
동사: 현//3/복, 미완//3/복
그들은 선하다, 그러나 그들은 악했다.

13. Thou wast good, but we were sinners.
ἦς ἀγαθός, ἦμεν δὲ ἁμαρτωλοί.
동사: 미완//2/단, 미완//1/복
너는 선했다, 그러나 우리는 죄인들이었다.

14. Then I was a servant, but now I am a son.
τότε ἤμην δοῦλος, νῦν δέ εἰμι υἱός.
동사: 미완//1/단, 현//1/단
그때에 나는 종이었다, 그러나 지금 나는 아들이다.

15. The sons of the prophets were gathering these things together into the temple.
οἱ υἱοὶ τῶν προφητῶν συνῆγον ταῦτα εἰς τὸ ἱερόν.
동사: 미완/능//3/복
그 선지자들의 아들들이 이것들을 그 성전 안으로 모으고 있었다.

16. Now I am being sent by the Lord to the children of the disciples, but then I was sending the righteous men into the desert.
νῦν πέμπομαι ὑπὸ τοῦ κυρίου πρὸς τὰ τέκνα τῶν μαθητῶν, τότε δὲ ἔπεμπον τοὺς δικαίους ἀνθρώπους εἰς τὴν ἔρημον.
동사: 현/수//1/단, 미완/능//1/단
지금 나는 주님에 의해 그 제자들의 아이들에게 보냄 받고 있다, 그러나 그때는 내가 그 의로운 사람들을 그 광야로 보내고 있었다.

12과 미완료 중간/수동태 직설법

1. Those words were being heard by the same apostle, but now they are no longer being heard.
ἐκεῖνοι οἱ λόγοι ἠκούοντο ὑπὸ τοῦ αὐτοῦ ἀποστόλου, νῦν δὲ οὐκέτι ἀκούονται.
동사: 미완/수//3/복, 현/수//3/복
저 말씀들이 바로 그 사도에 의해 들려지고 있었다, 그러나 지금 그것들은 더 이상 들려지고 있지 않다.

2. These books were being written by him in behalf of his servants.
ταῦτα τὰ βιβλία ἐγράφετο ὑπ᾽ αὐτοῦ ὑπὲρ τῶν δούλων αὐτοῦ.
동사: 미완/수//3/단*
이 책들이 그의 종들을 위하여 그에 의해 쓰여지고 있었다.
*중성 복수 주어가 단수 동사를 취하는 예외적 문법 (Machen, 70-71). 이하 파란색으로 표시.

3. I was not yet being taught by this man, but I was leading the others to him.
οὔπω ἐδιδάσκομαι ὑπὸ τούτου τοῦ ἀνθρώπου, ἦγον δὲ τοὺς ἄλλους πρὸς αὐτόν.
동사: 미완/수//1/단, 미완/능//1/단
나는 이 사람에 의해 아직 가르침을 받지 않고 있었다, 그러나 다른 이들을 그에게 인도하고 있었다.

4. Ye are not above me nor am I above you.
οὔκ ἐστε ὑπὲρ ἐμὲ οὐδέ εἰμι ὑπὲρ ὑμᾶς.
동사: 현//2/복, 현//1/단
너희가 나 위에 있지 않고 나도 너희 위에 있지 않다.

5. Thou wast sending others to him and wast being sent by him to others.
ἔπεμπες ἄλλους πρὸς αὐτὸν καὶ ἐπέμπου ὑπ᾽ αὐτοῦ πρὸς ἄλλους.
동사: 미완/능//2/단, 미완/수//2/단
네가 다른 이들을 그에게로 보내고 있었고 그에 의해 다른 이들에게 보냄 받고 있었다.

6. The demons were going out of the children.
τὰ δαιμόνια ἐξήρχετο ἐκ τῶν τέκνων.
동사: 미완/이//3/단
그 귀신들이 그 아이들 밖으로 나가고 있었다.

7. Ye were coming in and going out in the church.
εἰσήρχεσθε καὶ ἐξήρχεσθε ἐν τῇ ἐκκλησίᾳ.
동사: 미완/이//2/복x2
너희가 그 교회 안에서 들어오고 있었고 나가고 있었다.

8. We were not yet going away to the sinners, but were still hearing the voice of the apostle and were being taught concerning the Lord out of the books of the prophets.
οὔπω ἀπηρχόμεθα πρὸς τοὺς ἁμαρτωλούς, ἔτι δὲ ἠκούομεν τῆς φωνῆς τοῦ ἀποστόλου καὶ ἐδιδασκόμεθα περὶ τοῦ κυρίου ἐκ τῶν βιβλίων τῶν προφητῶν.
동사: 미완/이//1/복, 미완/능//1/복/, 미완/수//1/복
우리는 아직 그 죄인들에게로 떠나가지 않았다, 그러나 아직 그 사도의 음성을 듣고 있었으며 주님에 대하여 그 선지자들의 책들 밖으로(책들로) 가르침을 받고 있었다.

9. They were going down to the sea and were going through it in boats.
κατήρχοντο πρὸς τὴν θάλασσαν καὶ ἤρχοντο δι᾽ αὐτῆς ἐν πλοίοις.
동사: 미완/이//3/복x2
그들은 그 바다로 내려가고 있었고 그것을 통해 배들 안에서 가고 있었다.

10. Neither the evil nor the good were answering the Lord.
οὐδὲ οἱ πονηροὶ οὐδὲ οἱ ἀγαθοὶ ἀπεκρίνοντο τῷ κυρίῳ.
동사: 미완/이//3/복
그 악한 자들도 그 선한 자들도 다 주님께 대답하지 않고 있었다.

11. We were both seeing and hearing these disciples.
καὶ ἐβλέπομεν καὶ ἠκούομεν τούτους τοὺς μαθητάς.
동사: 미완/능//1/복x2
우리가 이 제자들을 보고 있기도 했고 듣고 있기도 했다.

12. Thou wast being saved by the word of the Lord.
ἐσῴζου τῷ λόγῳ τοῦ κυρίου.
동사: 미완/수//2/단
너는 주님의 말씀으로 구원받고 있었다.

13. Not by your works but by the Lord were ye being saved from your sins.
οὐ τοῖς ἔργοις ὑμῶν ἀλλ᾽ ὑπὸ τοῦ κυρίου ἐσῴζεσθε ἀπὸ τῆς ἁμαρτίας ὑμῶν.
동사: 미완/수//2/복
너희의 일들(행위)에 의해서가 아니라 주님에 의해 너희는 너희의 죄들로부터 구원받고 있었다.

14. Not even the good are saved by works.
οὐδὲ οἱ ἀγαθοὶ σῴζονται ἔργοις.
동사: 현/수//3/복
그 선한 자들 조차도 일들(행위)에 의해 구원받지 못한다.

15. Through the word of the Lord we were becoming good disciples.
διὰ τοῦ λόγου τοῦ κυρίου ἐγινόμεθα ἀγαθοὶ μαθηταί.
동사: 미완/이//1/복
주님의 말씀을 통하여 우리는 선한 제자들이 되고 있었다.

16. Thou wast not dying in behalf of him, but he was dying in behalf of thee.
οὐκ ἀπέθνησκες ὑπὲρ αὐτοῦ, ἀλλ᾽ ἀπέθνησκε ὑπὲρ σοῦ.
동사: 미완/능//2/단, 미완/능//3/단
네가 그를 위하여 죽고 있는 것이 아니라, 그가 너를 위하여 죽고 있었다.

13과 미래 능동태와 중간태 직설법

[동사분해 순서] 시상/태//인칭/수
시상: **현**재, **미완**료, **미**래 / 태: **능**동, **수**동, **이**태 //
인칭: **1**, **2**, **3** / 수: **단**, **복**
(예. ἐλεύσεται : 미/이//3/단=미래 이태 3인칭 단수)

1. The Church will send servants to me.
   ἡ ἐκκλησία πέμψει δούλους πρός με.
   동사: 미/능//3/단
   그 교회는 종들을 나에게로 보낼 것이다.

2. These women will become good.
   αὗται γενήσονται ἀγαθαί.
   동사: 미/이//3/복
   이 여자들은 선하게 될 것이다.

3. These words I shall write in a book.
   τούτους τοὺς λόγους γράψω ἐν βιβλίῳ.
   동사: 미/능//1/단
   나는 이 말씀들을 책 안에 기록할 것이다.

4. These things will come into the world in those days.
   ταῦτα ἐλεύσεται εἰς τὸν κόσμον ἐν ἐκείναις ταῖς ἡμέραις.
   동사: 미/이//3/단
   이것들이 저 날들에 그 세상 안으로 올 것이다.

5. Now he is not yet teaching me, but in that hour he shall both teach me and know me.
νῦν οὔπω διδάσκει ἐμέ, ἀλλὰ ἐν ἐκείνῃ τῇ ὥρᾳ καὶ διδάξει ἐμὲ καὶ γνώσεται ἐμέ.
동사: 현/능//3/단, 미/능//3/단, 미/이//3/단
지금 그는 아직 나를 가르치고 있지 않다, 그러나 저 시간에 그는 나를 가르치기도 할 것이고 나를 알기도 할 것이다.

6. They were pursuing these women in the evil days, and they will pursue them even into the other places.
ἐδίωκον ταύτας ἐν τῇ πονηρᾷ ἡμέρᾳ, καὶ διώξουσιν αὐτὰς καὶ εἰς τοὺς ἄλλους τόπους.
동사: 미완/능//3/복, 미/능//3/복
그들은 그 악한 날들에 이 여자들을 뒤쫓았다, 그리고 그들은 그 다른 장소들에서도 그들을 뒤쫓을 것이다.

7. Then will blind men pray to the Lord, but evil men will not pray.
τότε προσεύξονται τυφλοὶ τῷ κυρίῳ, ἀλλ᾽ οὐ προσεύξονται πονηροὶ ἄνθρωποι.
동사: 미/이//3/복x2
그때에 소경들은 주님께 기도할 것이다, 그러나 악한 사람들은 기도하지 않을 것이다.

8. The gifts were being taken by us from the children, but we shall take them no longer.
ἐλαμβάνετο τὰ δῶρα ὑφ᾽ ἡμῶν ἀπὸ τῶν τέκνων, ἀλλ᾽ οὐκέτι λημψόμεθα αὐτὰ.
동사: 미완/수//3/단, 미/이//1/복
그 선물들이 우리에 의해 그 아이들로부터 취해지고 있었다, 그러나 우리는 그것들을 더 이상 취하지 않을 것이다.

9. We shall pray for (in behalf of) the same children in the Church.
προσευξόμεθα ὑπὲρ τῶν αὐτῶν τέκνων ἐν τῇ ἐκκλησίᾳ.
동사: 미/이//1/복
우리는 그 교회에서 그 같은 아이들을 위해 기도할 것이다.

10. In this world we have death, but in the kingdom of God we shall have both love and glory.
ἐν τούτῳ τῷ κοσμῷ ἔχομεν θάνατον, ἀλλ᾽ ἐν τῇ βασιλείᾳ τοῦ θεοῦ ἕξομεν καὶ ἀγάπην καὶ δόξαν.
동사: 현/능//1/복, 미/능//1/복
이 세상에서 우리는 죽음을 가진다, 그러나 하나님의 나라에서는 우리가 사랑도 영광도 다 가질 것이다

11. Then we were being taught by the apostles, but in that day we also shall teach.
τότε ἐδιδασκόμεθα ὑπὸ τῶν ἀποστόλων, ἀλλ᾽ ἐν ἐκείνῃ τῇ ἡμέρᾳ διδάξομεν καὶ ἡμεῖς.
동사: 미완/수//1/복, 미/능//1/복
그때에 우리는 그 사도들에 의해 가르침 받고 있었다, 그러나 저 날에는 우리도 가르칠 것이다.

12. In those days I was persecuting you, but now ye shall persecute me.
ἐν ἐκείναις ταῖς ἡμέραις ἐδίωκον ὑμᾶς, νῦν δὲ διώξετέ με.
동사: 미완/능//1/단, 미/능//2/복
저 날들에 나는 너희를 박해하고 있었다, 그러나 지금은 너희가 나를 박해한다.

13. Thou wilt not go down to the sea, but wilt pursue these women with their children into the desert.
οὐ κατελεύσῃ πρὸς τὴν θάλασσαν, διώξεις δὲ ταύτας μετὰ τῶν τέκνων αὐτῶν εἰς τὴν ἔρημον.
동사: 미/이//2/단, 미/능//2/단
너는 그 바다로 내려가지 않을 것이다, 그러나 너는 이 여자들을 그들의 아이들과 함께 그 광야안으로 뒤쫓을 것이다.

14. They were preaching this gospel, but now they will no longer preach it.
ἐκήρυσσον τοῦτο τὸ εὐαγγέλιον, νῦν δὲ οὐκέτι κηρύξουσιν αὐτό.
동사: 미완/능//3/복, 미/능//3/복
그들은 이 복음을 전하고 있었다, 그러나 지금 그들은 그것을 더 이상 전하지 않을 것이다.

15. These things are evil, but you will have good things in that day.
ταῦτά ἐστιν πονηρά, ἀγαθὰ δὲ ἕξετε ἐν ἐκείνῃ τῇ ἡμέρᾳ.
동사: 현//3/단, 미/능//2/복
이것들은 악하다, 그러나 너희는 저 날에 좋은 것들을 가질 것이다.

16. The Lord will come to His Church in glory.
ἐλεύσεται ὁ κύριος πρὸς τὴν ἐκκλησίαν αὐτοῦ ἐν δόξῃ.
동사: 미/이//3/단
주님께서 영광 가운데 그분의 교회로 오실 것이다.

14과 제1부정과거 능동태와 중간태 직설법

[동사분해 순서] 시상/태//인칭/수

시상: **현**재, **미완**료, **미**래, **1부**정과거 / 태: **능**동, **수**동, **이**태 // 인칭: **1, 2, 3** / 수: **단**, **복**

(예. ἐδεξάμεθα : 1부/이//1/복=1부정과거 이태 1인칭 복수)

1. We did not receive the gospel, because we did not hear the voice of the apostle.
   οὐκ ἐδεξάμεθα τὸν εὐαγγέλιον, ὅτι οὐκ ἠκούσαμεν τῆς φωνῆς τοῦ ἀποστόλου.
   동사: 1부/이//1/복, 1부/능//1/복
   우리는 그 복음을 영접하지 않았다, 왜냐하면 우리가 그 사도의 음성을 듣지 못했기 때문이다.

2. In those days we were not believing in the Lord, but this disciple persuaded us.
   ἐν ἐκείναις ταῖς ἡμέραις οὐκ ἐπιστεύομεν εἰς τὸν κύριον, οὗτος δὲ ὁ μαθητὴς ἔπεισεν ἡμᾶς.
   동사: 미완/능//1/복, 1부/능//3/단
   저 날들에 우리는 주님을 믿지 않고 있었다, 그러나 이 제자가 우리를 설득했다.

3. The sinner turned unto the Lord, and already is being taught by Him.
   ἐπέστρεψεν ὁ ἁμαρτωλὸς πρὸς τὸν κύριον, καὶ ἤδη διδάσκεται ὑπ᾽ αὐτοῦ.
   동사: 1부/능//3/단, 현/수//3/단
   그 죄인이 주님께로 돌이켰다, 그리고 이미 그분에 의해 가르침 받고 있다.

4. The servants have prepared houses for you.
   οἱ δοῦλοι ἡτοίμασαν ὑμῖν οἴκους.
   동사: 1부/능//3/복
   그 종들이 너희를 위해 집들을 준비했다.

5. This blind man believed in the Lord.
   οὗτος ὁ τυφλὸς ἐπίστευσεν εἰς τὸν κύριον.
   동사: 1부/능//3/단
   이 소경이 주님을 믿었다.

6. The children wondered, and the disciples believed.
   ἐθαύμασαν τὰ τέκνα, καὶ ἐπίστευσαν οἱ μαθηταί.
   동사: 1부/능//3/복x2
   그 아이들은 놀랐다, 그리고 그 제자들은 믿었다.

7. Thou didst not pray to the Lord, and on account of this He did not heal thee.
οὐ προσηύξω τῷ κυρίῳ, καὶ διὰ τοῦτο οὐκ ἐθεράπευσέ σε.
동사: 1부/이//2/단, 1부/능//3/단
너는 주님께 기도하지 않았다, 이 때문에 그분은 너를 치료하지 않으셨다.

8. Those evil men pursued these women into the desert.
ἐκεῖνοι οἱ πονηροὶ ἄνθρωποι ἐδίωκον ταύτας εἰς τὴν ἔρημον.
동사: 1부/능//3/복
저 악한 사람들은 이 여자들을 그 광야 안으로 뒤쫓았다.

9. I have preached the gospel to them.
ἐκήρυξα αὐτοῖς τὸ εὐαγγέλιον.
동사: 1부/능//1/단
나는 그들에게 그 복음을 전했다.

10. Ye persecuted me, but I did not persecute you.
ἐμὲ ἐδιώξατε, ἀλλ᾽ οὐκ ἐδίωξα ὑμᾶς.
동사: 1부/능//2/복, 1부/능//1/단
너희는 나를 박해하였다, 그러나 나는 너희를 박해하지 않았다.

11. These blind men glorified the Lord, because He had healed* them.
οὗτοι οἱ τυφλοὶ ἐδόξασαν τὸν κύριον, ὅτι ἐθεράπευσεν αὐτούς.
동사: 1부/능//3/복, 1부/능//3/단
이 소경들이 주님을 영화롭게 했다, 왜냐하면 그가 그들을 고치셨기 때문이다.

*영어의 과거완료는 종종 헬라어의 부정과거로 번역되어야 한다(Machen, 86).

12. Through His disciples He proclaimed His gospel to the world.
διὰ τῶν μαθητῶν αὐτοῦ ἐκήρυξε τῷ κόσμῳ τὸ εὐαγγέλιον αὐτοῦ.
동사: 1부/능//3/단
그분의 제자들을 통하여 그분은 그분의 복음을 그 세상에 선포하셨다.

13. The promises are good, and we received them.
ἀγαθαί εἰσιν αἱ ἐπαγγελίαι, καὶ αὐτὰς ἐδεξάμεθα.
동사: 현//3/복, 1부/이//1/복
그 약속들은 선하다, 그리고 우리는 그것들을 받았다.

14. Ye have received the same promises and believed on the same Lord.
ἐδέξασθε τὰς αὐτὰς ἐπαγγελίας καὶ ἐπιστεύσατε εἰς τὸν αὐτὸν κύριον.
동사: 1부/이//2/복, 1부/능//2/복
너희는 같은 약속들을 받았고 같은 주님을 믿었다.

15. He has not preached the gospel nor does he preach it now.
οὐκ ἐκήρυξε τὸ εὐαγγέλιον οὐδὲ νῦν κηρύσσει αὐτό.
동사: 1부/능//3/단, 현/능//3/단
그는 그 복음을 전하지 않았고, 지금도 그것을 전하지 않는다.

16. That woman has neither glorified the Lord nor received the children.
ἐκείνη οὐδὲ ἐδόξασε τὸν κύριον ουδὲ ἐδέξατο τὰ τέκνα.
동사: 1부/능//3/단, 1부/이//3/단
저 여자는 주님을 영화롭게 하지도 않았고 그 아이들을 영접하지도 않았다.

15과 제2부정과거 능동태와 중간태 직설법

[동사분해 순서] 시상/태//인칭/수
시상: **현**재, **미완**료, **미**래, **1부**정과거, **2부**정과거 /
태: **능**동, **수**동, **이**태 // 인칭: **1**, **2**, **3** / 수: **단**, **복**
(예. εἴδομεν : 2부/능//1/복=2부정과거 능동태 1인칭 복수)

1. We did not see Him, for we were not yet disciples of Him.
οὐκ εἴδομεν αὐτόν, ὅτι οὔπω ἦμεν μαθηταὶ αὐτοῦ.
동사: 2부/능//1/복, 미완//1/복
우리는 그분을 보지 못했다, 왜냐하면 우리가 아직 그분의 제자들이 아니었기 때문이다.

2. The apostle brought the sinners to Him.
ὁ ἀπόστολος προσήνεγκε τοὺς ἁμαρτωλοὺς αὐτῷ.
동사: 1부/능//3/단
그 사도가 그 죄인들을 그분에게 데려갔다.

3. Ye did not hear me, but ye came to my disciples.
οὐκ ἠκούσατέ μου, ἀλλ᾽ ἤλθετε πρὸς τοὺς μαθητάς μου.
동사: 1부/능//2/복, 2부/능//2/복
너희는 나를(내 말을) 듣지 않았다, 그러나 너희는 나의 제자들에게 왔다.

4. Ye entered into this house, but the others went out of it.
εἰσήλθετε εἰς τοῦτον τὸν οἶκον, ἀλλ' οἱ ἄλλοι ἐξῆλθον ἐξ αὐτοῦ.
동사: 2부/능//2/복, 2부/능//3/복
너희는 이 집 안으로 들어갔다, 그러나 그 다른 이들은 그것(그곳) 밖으로 나갔다.

5. The sinners were going into their houses, but the apostles saw the Lord.
οἱ ἁμαρτωλοὶ ἐπορεύοντο εἰς τοὺς οἴκους αὐτῶν, οἱ δὲ ἀπόστολοι εἶδον τὸν κύριον.
동사: 미완/이//3/복, 2부/능//3/복
그 죄인들이 그들의 집들 안으로 가고 있었다, 그러나 그 사도들은 주님을 보았다.

6. In those days we shall see the Lord, but in the evil days we did not see Him.
ἐν ἐκείναις ταῖς ἡμέραις ὀψόμεθα τὸν κύριον, ἐν δὲ ταῖς πονηραῖς ἡμέραις οὐκ εἴδομεν αὐτόν.
동사: 미/이//1/복, 2부/능//1/복
저 날들에 우리는 주님을 볼 것이다, 그러나 그 악한 날들에는 우리가 그를 보지 못했다.

7. Thy brothers were taking gifts from the children, but the apostles took the children from them.
οἱ ἀδελφοί σου ἐλάμβανον δῶρα ἀπὸ τῶν τέκνων, οἱ δὲ ἀπόστολοι ἔλαβον τὰ τέκνα ἀπ᾽ αὐτῶν.
동사: 미완/능//3/복, 2부/능//3/복
너의 형제들이 그 아이들로부터 선물들을 취하고 있었다, 그러나 그 사도들은 그들로부터 그 아이들을 취했다.

8. You became a servant of the apostle, but the apostle became to you even a brother.
ἐγένου δοῦλος τοῦ ἀποστόλου, ὁ δὲ ἀπόστολος ἐγένετό σοι καὶ ἀδελφός.
동사: 2부/이//2/단, 2부/이//3/단
너는 그 사도의 종이 되었다, 그러나 그 사도는 너에게 심지어 형제가 되었다.

9. Ye have become a church of God, for ye have believed on His Son.
ἐγένεσθε ἐκκλησία τοῦ θεοῦ, ὅτι ἐπιστεύσατε εἰς τὸν υἱὸν αὐτοῦ.
동사: 2부/이//2/복, 1부/능//2/복
너희는 하나님의 교회가 되었다, 왜냐하면 너희가 그분의 아들을 믿었기 때문이다.

10. He has gathered together His disciples into His kingdom.
συνήγαγε τοὺς μαθητὰς αὐτοῦ εἰς τὴν βασιλείαν αὐτοῦ.
동사: 2부/능//3/단
그분이 그분의 제자들을 그분의 왕국 안으로 모았다.

11. The faithful teacher said that the Lord is good.
ὁ πιστὶς διδάσκαλος εἶπεν ὅτι ἀγαθός ἐστιν ὁ κύριος.
동사: 2부/능//3/단, 현//3/단
주님은 선하시다고 그 신실한 선생이 말했다.

12. They believed in the Lord and brought others also to Him.
ἐπίστευσαν εἰς τὸν κύριον καὶ προσήνεγκαν ἄλλους καὶ αυτῷ.
동사: 1부/능//3/복x2
그들은 주님을 믿었고 다른 이들을 그분에게도 데려왔다.

13. They heard the children and came to them.
ἤκουσαν τῶν τέκνων καὶ ἦλθον πρὸς αὐτούς.
동사: 1부/능//3/복, 2부/능//3/복
그들이 그 아이들을 들었다 그리고 그들에게 왔다.

14. We received joy and peace from God, because we were already entering into His kingdom.
ἐδεξάμεθα χαρὰν καὶ εἰρήνην ἀπὸ τοῦ θεοῦ, ὅτι ἤδη εἰσηρχόμεθα εἰς τὴν βασιλείαν αὐτοῦ.
동사: 1부/이//1/복, 미완/이//1/복
우리는 하나님으로부터 기쁨과 평화를 받았다, 왜냐하면 우리가 그분의 왕국 안으로 이미 들어가고 있었기 때문이다.

15. The disciples say that the apostles saw the Lord and received this from Him.
οἱ μαθηταὶ λέγουσιν ὅτι οἱ ἀπόστολοι εἶδον τὸν κύριον καὶ ἐδέξαντο τοῦτο ἀπ᾽ αὐτοῦ.
동사: 현/능//3/복, 2부/능//3/복, 1부/이//3/복
그 사도들이 주님을 보았고 그분으로부터 이것을 받았다고 그 제자들이 말한다.

16. You went out into the desert, but the apostle said these things to his brethren.
ἐξῆλθες εἰς τὴν ἔρημον, ὁ δὲ ἀπόστολος εἶπε ταῦτα τοῖς ἀδελφοῖς αὐτοῦ.
동사: 2부/능//2/단, 2부/능//3/복
너는 그 광야로 나갔다, 그러나 그 사도는 그의 형제들에게 이것들을 말했다.

16과 부정과거와 미래 수동태 직설법

1. This is the Church of God, but the sinners were brought into it.
αὕτη ἐστι ἡ ἐκκλησία τοῦ θεοῦ, οἱ δὲ ἁμαρτωλοὶ ἠνέχθησαν εἰς αὐτήν.
동사: 현//3/단, 부/수//3/복
이것은 하나님의 교회이다, 그러나 그 죄인들이 그것(그곳) 안으로 데려감을 당했다.

2. This man was cast out on account of the gospel.
οὗτος ἐξεβλήθη διὰ τὸ εὐαγγέλιον.
동사: 부/수//3/단
이 사람은 그 복음 때문에 쫓겨났다.

3. I was sent to the sinners, but you were being sent to your brothers.
ἐπέμφθην πρὸς τοὺς ἁμαρτωλούς, ἀλλ᾽ ἐπέμπου πρὸς τοὺς ἀδελφούς σου.
동사: 부/수//1/단, 미완/수//2/단
나는 그 죄인들에게 보냄 받았다, 그러나 너는 너의 형제들에게로 보냄받고 있었다.

4. Thou didst not receive the gospel, but the others received it and were saved.
οὐκ ἐδέξω τὸ εὐαγγέλιον, ἀλλ᾽ ἐδέξαντο οἱ ἄλλοι αὐτὸ καὶ ἐσωθησαν.
동사: 1부/이//2/단, 1부/이//3/복, 부/수//3/복
너는 그 복음을 받지 않았다, 그러나 그 다른 이들은 그것을 받았고 구원받았다.

5. These words have been written by the apostles.
οὗτοι οἱ λόγοι ἐγράφησαν ὑπὸ τῶν ἀποστόλων.
동사: 부/2수*//3/복
이 말씀들이 그 사도들에 의해 기록되었다.
*부정과거 수동태임을 드러내는 시상접미사 -θ-가 빠진 2형을 "부/2수"로 표현한 것. 즉, "2부정과거의 수동태"가 아닌 "부정과거 수동태의 2형"임.

6. The servants will come into the house, but the sons were baptized in that hour.
οἱ δοῦλοι ἐλεύσονται εἰς τὸν οἶκον, οἱ δὲ υἱοὶ ἐβαπτίσθησαν ἐν ἐκείνῃ τῇ ὥρᾳ.
동사: 미/이//3/복, 부/수//3/복
그 종들이 그 집 안으로 올 것이다, 그러나 그 아들들은 저 시간에 세례 받았다.

7. Ye will see the Lord in heaven, but the apostles were taught by Him.
ὄψεσθε τὸν κύριον ἐν οὐρανῷ, οἱ δὲ ἀπόστολοι ἐδιδάχθη ὑπ' αὐτοῦ.
동사: 미/이//2/복, 부/수//3/단
너희는 주님을 하늘에서 볼 것이다, 그러나 사도들은 그분에 의해 가르침 받았다.

8. The disciples brought the blind men to the Lord, but the children were led by others.
οἱ μαθηταὶ προσήνεγκαν τοὺς τυφλοὺς τῷ κυρίῳ, τὰ δὲ τέκνα ἤχθησαν ὑπ' ἄλλων.
동사: 1부/능//3/복, 부/수//3/복
그 제자들이 그 소경들을 주님에게로 데려왔다, 그러나 그 아이들은 다른 이들에 의해 인도되겠다.

9. The gifts were being received from the servants, but the law was proclaimed to the world.
τὰ δῶρα παρελαμβάνετο ἀπὸ τῶν δούλων, ὁ δὲ νόμος ἐκηρύχθη πρὸς τὸν κόσμον.
동사: 미완/수//3/단, 부/수//3/단
그 선물들이 그 종들로부터 받아지고 있었다, 그러나 (그) 율법은 (그) 세상에 선포되었다.

10. A place was prepared for the brethren.
τόπος ἡτοιμάσθη τοῖς ἀδελφοῖς.
동사: 부/수//3/단
그 형제들을 위해 한 장소가 준비되었다.

11. We went to the sea, but our sons will go into the temple.
ἤλθομεν πρὸς τὴν θάλασσαν, οἱ δὲ υἱοὶ ἡμῶν εἰσελεύσονται εἰς τὸ ἱερόν.
동사: 2부/능//1/복, 미/이//3/복
우리는 그 바다로 갔다, 그러나 우리의 아들들은 그 성전으로 들어갈 것이다.

12. After these things, they were taken up into glory.
μετὰ ταῦτα, ἀνελήμφθησαν εἰς δόξαν.
동사: 부/수//3/복
이것들 후에 그들은 영광 안으로 취함 받았다.

13. The Son of Man was raised up from the dead and was glorified.
ὁ υἱὸς τοῦ ἀνθρώπου ἠγέρθη ἐκ νεκρῶν καὶ ἐδοξάσθη. (Machen, 96)
동사: 부/수//3/단x2
인자가 죽은 자들로부터(가운데서) 일으킴 받았고 영화롭게 되었다.

14. The promises of God were heard in the world.
αἱ ἐπαγγελίαι τοῦ θεοῦ ἠκούσθησαν ἐν τῷ κόσμῳ.
동사: 부/수//3/복
하나님의 약속들이 (그) 세상에서 들려졌다.

17과 3변화 명사

1. By the will of God we believed on the name of the Lord.
τῷ θελήματι τοῦ θεοῦ ἐπιστεύσαμεν εἰς τὸ ὄνομα τοῦ κυρίου.
동사: 1부/능//1/복
하나님의 뜻으로 우리는 주님의 이름을 믿었다.

2. The rulers did not receive this hope from the apostle, because they did not believe in the Lord.
οἱ ἄρχοντες οὐκ ἐδέξαντο ταύτην τὴν ἐλπίδα ἀπὸ τοῦ ἀποστόλου, ὅτι οὐκ ἐπίστευσαν εἰς τὸν κύριον.
동사: 1부/이//3/복, 1부/능//3/복
그 관원들은 이 소망을 그 사도로부터 받지 않았다, 왜냐하면 그들은 주님을 믿지 않았기 때문이다.

3. We shall know the will of God for ever.
γνωσόμεθα τὸ θέλημα τοῦ θεοῦ εἰς τὸν αἰῶνα.
동사: 미/이//1/복
우리는 하나님의 뜻을 영원히 알 것이다.

4. In this age we have death, but in that age hope and life.
ἐν τούτῳ τῷ αἰῶνι ἔχομεν θάνατον, ἀλλ᾽ ἐν ἐκείνῳ τῷ αἰῶνι ἐλπίδα καὶ ζωήν.
동사: 현/능//1/복
이 시대에는 죽음을, 그러나 저 시대에는 소망과 생명을 우리가 가진다.

5. In our flesh we remain in this age, but through the Spirit of God we have a good hope.
ἐν τῇ σαρκὶ ἡμῶν μένομεν ἐν τούτῳ τῷ αἰῶνι, ἀλλὰ διὰ τοῦ πνεύματος τοῦ θεοῦ ἔχομεν ἀγαθὸν ἐλπίδα.
동사: 현/능//1/복x2
우리의 육체 안에서 우리는 이 시대에 머문다, 그러나 하나님의 영을 통하여 우리는 좋은 소망을 가진다.

6. By the will of God we were saved from our sins through the blood of the Lord.
τῷ θελήματι τοῦ θεοῦ ἐσώθημεν ἀπὸ τῶν ἁμαρτιῶν ἡμῶν διὰ τοῦ αἵματος τοῦ κυρίου.
동사: 부/수//1/복
하나님의 뜻으로 주님의 피를 통하여 우리의 죄들로부터 우리가 구원받았다.

7. In those days ye saw the rulers.
ἐν ἐκείναις ταῖς ἡμέραις εἴδετε τοὺς ἄρχοντας.
동사: 2부/능//2/복
저 날들에 너희가 그 관원들을 보았다.

8. This age is evil, but in it we have hope.
πονηρός ἐστι οὗτος ὁ αἰών, ἀλλ᾽ ἐν αὐτῷ ἔχομεν ἐλπίδα.
동사: 현//3/단, 현/능//1/복
이 시대는 악하다, 그러나 그 안에서 우리는 소망을 가진다.

9. These words we wrote to the rulers.
τούτους τοὺς λόγους ἐγράψαμεν τοῖς ἄρχουσιν.
동사: 1부/능//1/복
우리가 이 말씀들을 그 관원들에게 썼다.

10. We came to the good ruler and to the apostle of the Lord.
ἤλθομεν πρὸς τὸν ἀγαθὸν ἄρχοντα καὶ πρὸς τὸν ἀπόστολον τοῦ κυρίου.
동사: 2부/능//1/복
우리가 그 선한 관원과 주님의 그 관원에게 왔다.

11. In our bodies we shall see death, but we shall be raised up according to the word of God.
ἐν τοῖς σώμασι ἡμῶν ὀψόμεθα θάνατον, ἀλλ᾽ ἐγερθησόμεθα κατὰ τὸν λόγον τοῦ θεοῦ.
동사: 미/이//1/복, 미/수//1/복
우리의 몸들 안에서 우리는 죽음을 볼 것이다, 그러나 하나님의 말씀을 따라 우리는 일으킴 받을 것이다.

12. Ye were persecuted by the ruler, but the blood of the Lord saves you from sin.
ἐδιώχθητε ὑπὸ τοῦ ἄρχοντος, ἀλλὰ τὸ αἷμα τοῦ κυρίου σῴζει ὑμᾶς ἀπ᾽ ἁμαρτίας.
동사: 부/수//2/복, 현/능//3/단
너희는 그 관원에 의해 박해받았다, 그러나 주님의 피가 너희를 죄로부터 구한다.

13. We wrote those good words to the evil ruler.
ἐγράψαμεν ἐκείνους τοὺς ἀγαθὸς λόγους τῷ πονηρῷ ἄρχοντι.
동사: 1부/능//1/복
우리는 저 좋은 말씀들을 그 악한 관원에게 썼다.

14. This night became to them an hour of death, but they believed on the name of the Lord.
αὕτη ἡ νὺξ ἐγενήθη αὐτοῖς ὥρα θανάτου, ἀλλ᾽ ἐπίστευσαν εἰς τὸ ὄνομα τοῦ κυρίου.
동사: 부/이[수]//3/단, 1부/능//3/복
이 밤이 그들에게 죽음의 시간이 되었다, 그러나 그들은 주님의 이름을 믿었다.

15. The evil spirits were cast out by the word of the Lord.
τὰ πονηρὰ πνεύματα ἐξεβλήθη τῷ λόγῳ τοῦ κυρίου.
동사: 부/수//3/단
그 악한 혼들이 주님의 말씀으로 내쫓겼다.

18과 현재 분사

[동사분해 순서]
시상: **현**재, **미완**료, **미**래, **부**정과거 /
태: **능**동, **수**동, **이**태 /
법: **직**설, **분**사 //
(직설법) 인칭: **1, 2, 3** / 수: **단**, **복**
(분사) 성: **남**, **여**, **중** / 수: **단**, **복** /
격: **주**, **소유**, **여**, **목**적, **호** / 용법: **서**술, **관**형, **독**립
*직설법은 어간에, 분사는 표지에 밑줄
(예.
ἔσωζε 미완/능/직//3/단=미완료 능동태 직설법 3인칭 단수
πιστεύοντας 현/능/분//남/복/목/독=현자 능동태 분사 남성 복수 목적격 독립적용법)

1. While he was still in the* flesh the Lord was saving those who were believing on Him.
ἔτι ὢν ἐν σαρκὶ ὁ κύριος ἔσωζε τοὺς πιστεύοντας εἰς αὐτόν.
동사: 현/분//남/단/주/서, 미완/능/직//3/단, 현/능/분//남/복/목/독
그가 여전히 육체 가운데 계실 때에 주님은 그분을 믿고 있는 자들을 구원하고 계셨다.
*헬라어는 이런 구절에서 종종 관사가 없음(Machen, 112).

2. While we were being taught in the temple we were being persecuted by the ruler.
διδασκόμενοι ἐν τῷ ἱερῷ ἐδιωκόμεθα ὑπὸ τοῦ ἄρχοντος.
동사: 현/수/분//남/복/주/서, 미완/수/직//1/복
우리가 그 성전 안에서 가르침을 받고 있는 동안 그 관원에 의해 박해받고 있었다.

3. Those who are being saved by the Lord know Him who saves them.
οἱ σωζόμενοι ὑπὸ τοῦ κυρίου γινώσκουσι τὸν σώζοντα αὐτούς.
동사: 현/수/분//남/복/주/독, 현/능/직//3/복, 현/능/분//남/단/목/독
주님에 의해 구원받고 있는 자들은 그들을 구원하는 분을 안다.

4. Those who were proclaiming these things received, themselves also, the things which were being proclaimed by them.
οἱ κηρύσσοντες ταῦτα ἐδέξαντο καὶ αὐτοὶ τὰ κηρυσσόμενα ὑπ᾽ αὐτῶν.
동사: 현/능/분//남/복/주/독, 1부/이/직//3/복, 현/수/분//중/복/목/독
이것들을 선포하고 있던 자들 그들 또한 그들에 의해 선포되고 있던 것들을 받았다.

5. She who is receiving the Lord into her house sees the face of the One who saves her.
ἡ δεχομένη τὸν κύριον εἰς τὸν οἶκον αὐτῆς βλέπει τὸ πρόσωπον τοῦ σῴζοντος αὐτήν.
동사: 현/이/분//여/단/주/독, 현/능/직//3/단, 현/능/분//남/단/
소/독
주님을 그녀의(자기) 집 안으로 영접하고 있는 여자는 그녀를 구원하는 분의 얼굴을 본다.

6. While He was still teaching in the temple we saw Him.
ἔτι διδάσκοντα ἐν τῷ ἱερῷ εἴδομεν αὐτόν.
동사: 현/능/분//남/단/목/서, 2부/능/직//1/복
그가 아직 그 성전 안에서 가르치고 있을 때에 우리는 그분을 보았다.

7. While we were teaching in the temple we saw the One who saves us.
διδάσκοντες ἐν τῷ ἱερῷ εἴδομεν τὸν σῴζοντα ἡμᾶς.
동사: 현/능/분//남/복/주/서, 2부/능/직//1/복, 현/능/분//남/단/
목/독
우리가 그 성전 안에서 가르치고 있는 동안 우리는 우리를 구원하는 분을 보았다.

8. The hope that is seen is not hope.
ἡ ἐλπὶς ἡ βλεπομένη οὐκ ἔστιν ἐλπίς.
동사: 현/수/분//여/단/주/관, 현/직//3/단
보이는 소망은 소망이 아니다.

9. The Lord said to those who were believing on Him that God saves sinners.
ὁ κύριος εἶπε τοῖς πιστεύουσιν εἰς αὐτὸν ὅτι ὁ θεὸς σῴζει ἁμαρτωλούς.
동사: 2부/능/직//3/단, 현/능/분//남/복/여/독, 현/능/직//3/단
주님은 그를 믿고 있는 자들에게 하나님이 죄인들을 구원하신다고 말씀하셨다.

10. The brothers of those who persecute the disciples have not hope.
οἱ ἀδελφοὶ τῶν διωκόντων τοὺς μαθητὰς οὐκ ἔχουσιν ἐλπίδα.
동사: 현/능/분//남/복/소/독, 현/능/직//3/복
그 제자들을 박해하는 자들의 형제들은 소망을 가지지 않는다(소망이 없다).

11. Those who say these things do not know the One who saves the Church.
οἱ λέγοντες ταῦτα οὐ γινώσκουσι τὸν σῴζοντα τὴν ἐκκλησίαν.
동사: 현/능/분//남/복/주/독, 현/능/직//3/복, 현/능/분//남/단/목/독
이것들을 말하는 자들은 그 교회를 구원하는 분을 알지 못한다.

12. We were cast out by the ruler who persecutes the Church.
ἐξεβλήθημεν ὑπὸ τοῦ ἄρχοντος τοῦ διώκοντος τὴν ἐκκλησίαν.
동사: 부/과/직//1/복, 현/능/분//남/단/소/관
그 교회를 박해하는 그 관원에 의해 우리가 내쫓겼다.

13. This is the voice which is being heard by those who believe in the Lord.
αὕτη ἐστιν ἡ φωνὴ ἡ ἀκουομένη ὑπὸ τῶν πιστευόντων εἰς τὸν κύριον.
동사: 현/직//3/단, 현/수/분//여/단/주/관, 현/능/분//남/복/소/독
이것은 주님을 믿는 자들에 의해 들려지고 있는 음성이다.

14. While I was remaining in the house, I saw the women who were taking gifts from the disciples.
μένων ἐν τῷ οἴκῳ εἶδον τὰς λαμβανούσας δῶρα ἀπὸ τῶν μαθητῶν.
동사: 현/능/분//남/단/주/서, 2부/능/직//1/단, 현/능/분//여/복/목/독
내가 그 집 안에 머무르고 있는 동안, 나는 그 제자들로부터 선물들을 취하고 있는 여자들을 보았다.

15. Being preached by those who believe in the Lord, the gospel will lead men into the Church.
κηρυσσόμενον ὑπὸ τῶν πιστευόντων εἰς τὸν κύριον τὸ εὐαγγέλιον ἄξει ἀνθρώπους εἰς τὴν ἐκκλησίαν.
동사: 현/수/분//중/단/주/서, 현/수/분//남/복/소/독, 미/능/직//3/단
그 복음은, 주님을 믿는 자들에 의해 전파되면서, 사람들을 교회 안으로 인도할 것이다.

16. The faithful ones will see the Lord going up into heaven.
οἱ πιστοὶ ὄψονται τὸν κύριον ἀναβαίνοντα εἰς οὐρανόν.
동사: 미/이/직//3/복, 현/능/분//남/단/목/서
그 신실한 자들은 주님이 하늘로 올라가실 때에 그를 볼 것이다.

19과 부정과거 능동태와 중간태 분사

1. Those who have not seen the apostle do not know him.
   οἱ μὴ ἰδόντες τὸν ἀπόστολον οὐ γινώσκουσι αὐτόν.
   동사: 2부/능/분//남/복/주/독, 현/능/직//3/복
   그 사도를 보지 못한 자들은 그를 알지 못한다.

2. I did not see him who had believed on the Lord.
   οὐκ εἶδον τὸν πιστεύσαντα εἰς τὸν κύριον.
   동사: 2부/능/직//1/단, 1부/능/분//남/단/목/독
   나는 주님을 믿은 자를 보지 못했다.

3. I saw him after he had believed on the Lord, but ye saw him while he was still in the kingdom of the Evil One.
   εἶδον αὐτὸν πιστεύσαντα εἰς τὸν κύριον, ἀλλ᾽ εἴδετε αὐτὸν ἔτι ὄντα ἐν τῇ βασιλείᾳ τοῦ πονηροῦ.
   동사: 2부/능/직//1/단, 1부/능/분//남/단/목/서, 2부/능/직//2/복, 현/능/분//남/단/목/서
   나는 그가 주님을 믿은 후에 그를 보았다, 그러나 너희는 그가 아직 그 악한 자의 왕국에 있을 때에 그를 보았다.

4. Having heard these things we believed on Him who had died in behalf of us.
   ἀκούσαντες τούτων ἐπιστεύσαμεν εἰς τὸν ἀποθανόντα ὑπὲρ ἡμῶν.
   동사: 1부/능/분//남/복/주/서, 1부/능/직//1/복, 2부/능/분//남/단/목/독
   우리는 이것들을 들은 후 우리를 위해 죽은 분을 믿었다.

5. We came to those who were going in the way.
προσήλθομεν τοῖς πορευομένοις ἐν τῇ ὁδῷ.
동사: 2부/능/직//1/복, 현/이/분//남/복/여/독
우리는 그 길 안에서 가고 있는 자들에게 왔다.

6. We shall see the apostle after we have gone into this house.
ὀψόμεθα τὸν ἀπόστολον εἰσελθόντες εἰς τοῦτον τὸν οἶκον.
동사: 미/이/직//1/복, 2부/능/분//남/복/주/서
우리는 이 집으로 들어간 후에 그 사도를 볼 것이다.

7. Those men said to those who had gone into the house that the Lord is good.
ἐκεῖνοι εἶπον τοῖς εἰσελθοῦσι εἰς τὸν οἶκον ὅτι ὁ κύριος ἀγαθός ἐστιν.
동사: 2부/능/직//3/복, 2부/능/분//남/복/여/독, 현/직//3/단
저 사람들이 그 집으로 들어간 자들에게 주님은 선하시다고 말했다.

8. While we were saying these things we were going into our house.
λέγοντες ταῦτα ἠρχόμεθα εἰς τὸν οἶκον ἡμῶν.
동사: 현/능/분//남/복/주/서, 미완/이/직//1/복
우리는 이것들을 말하면서 우리 집 안으로 가고 있었다.

9. When they had received these gifts from the ones who had brought them, they came together into the church.
δεξάμενοι ταῦτα τὰ δῶρα ἀπὸ τῶν ἐνεγκόντων αὐτα, συνῆλθον εἰς τὴν ἐκκλησίαν.
동사: 1부/이/분//남/복/주/서, 2부/능/분//남/복/소/독, 2부/능/직//3/복
그들이 이 선물들을, 그것들을 가져간 자들로부터, 받은 후 그 교회 안으로 함께 왔다.

10. These are the women who received the one who had taught them.
αὗταί εἰσιν αἱ δεξάμεναι τὸν διδάξαντα αὐτούς.
동사: 현/직//3/복, 1부/이/분//여/복/주/독, 1부/능/분//남/단/목/독
이들은 그들을 가르친 자를 영접한 여자들이다.

11. When these men had seen the Lord, they were brought to the rulers.
ἰδόντες οὗτοι τὸν κύριον, προσηνέχθησαν τοῖς ἄρχουσιν.
동사: 2부/능/분//남/복/주/서, 부/수/직//3/복
이들이 주님을 본 후에 그 관원들에게 데려감을 당했다.

12. The disciples who had come into the church were baptized by the apostles who had seen the Lord.
οἱ μαθηταὶ οἱ ἐλθόντες εἰς τὴν ἐκκλησίαν ἐβαπτίσθησαν ὑπὸ τῶν ἀποστόλων τῶν ἰδόντων τὸν κύριον.
동사: 2부/능/분//남/복/주/관, 부/수/직//3/복, 2부/능/분//남/복/소/관
그 교회 안으로 온 제자들은 주님을 본 사도들에 의해 세례받았다.

13. The blind man who had received this man was with those who were persecuting him.
ὁ τυφλὸς ὁ δεξάμενος τοῦτον ἦν σὺν τοῖς διώκουσιν αὐτόν.
동사: 1부/이/분//남/단/주/관, 미완/직//3/단, 현/능/분//남/복/여/독
이 사람을 영접한 그 소경이 그를 박해하고 있는 자들과 함께 있었다.

14. The demons that were being cast out said this to him who was casting them out.
τὰ δαιμόνια τὰ ἐκβαλλόμενα εἶπε τοῦτο τῷ ἐκβάλλοντι αὐτά.
동사: 현/수/분//중/복/주/관, 2부/능/직//3/단, 현/능/분//남/단/여/독
쫓겨나고 있는 귀신들이 그들을 쫓아내고 있는 자에게 이것을 말했다.

15. As we were going through the desert, we taught those who were with us.
ἐρχόμενοι διὰ τῆς ἐρήμου, ἐδιδάξαμεν τοὺς ὄντας σὺν ἡμῖν.
동사: 현/이/분//남/복/주/서, 1부/능/직//1/복, 현/분//남/복/목/독
우리가 그 광야를 통하여 가고 있을 때에 우리는 우리와 함께 있는 자들을 가르쳤다.

16. We saw the servant when he had believed on the Lord and was still in the house.
εἴδομεν τὸν δοῦλον πιστεύσαντα εἰς τὸν κύριον καὶ ἔτι ὄντα ἐν τῷ οἴκῳ.
동사: 2부/능/직//1/복, 1부/능/분//남/단/목/서, 현/분//남/단/목/서
우리는 그 종이 주님을 믿은 때에 그리고 그가 아직 그 집 안에 있을 때에 그 종을 보았다.

20과 부정과거 수동태 분사, 소유격 독립 분사구문

[동사분해 순서]
시상: **현**재, **미완**료, **미**래, **부**정과거 /
태: **능**동, **수**동, **이**태 /
법: **직**설, **분**사 //
(직설법) 인칭: **1**, **2**, **3** / 수: **단**, **복**
(분사) 성: **남**, **여**, **중** / 수: **단**, **복** / 격: **주**, **소유**, **여**, **목**적, **호** / 용법: **서**술, **관**형, **독**립, **소**유격**독**립분사구문
*직설법은 어간에, 분사는 표지에 밑줄
(예.
ἐξεβλήθησαν 부/수/직//3/복=부정과거 수동태 직설법 3인칭 복수
λαβόντων 2부/능/분//남/복/소/소독=2부정과거 능동태 분사 남성 복수 소유격 소유격독립분사구문)

1. When the soldiers had taken the garments from the children, the disciples were cast out of the house.
τῶν στρατιώτων λαβόντων τὰ ἱμάτια ἀπὸ τῶν τέκνων οἱ μαθηταὶ ἐξεβλήθησαν ἐκ τῆς οἰκίας.
동사: 2부/능/분/남//복/소/소독, 부/수/직//3/복
그 군인들이 그 아이들로부터 그 겉옷들을 취한 후, 그 제자들은 그 집 밖으로 내쫓겼다.

2. When the disciples had been cast out of the synagogue, they came to us.
ἐκβληθέντες οἱ μαθηταὶ ἐκ τῆς συναγωγῆς προσῆλθον ἡμῖν.
동사: 부/과/분//남/복/주/서, 2부/능/직//3/복
그 제자들이 그 회당 밖으로 내쫓긴 후 우리에게 왔다.

3. While we were coming into our house, the Lord said these things to the rulers.
ἐρχομένων ἡμῶν εἰς τὴν οἰκίαν ἡμῶν ὁ κύριος εἶπε ταῦτα τοῖς ἄρχουσιν.
동사: 현/이/분//남/복/소/소독, 2부/능/직//3/단
우리가 우리 집 안으로 오고 있을 때에 주님은 이것들을 그 관원들에게 말씀하셨다.

4. The Lord said those things to you, both while ye were with Him in the way and after ye had come to the ruler.
ὁ κύριος εἶπε ἐκεῖνα ἡμῖν καὶ οὖσι μετ᾽ αὐτοῦ ἐν τῇ ὁδῷ καὶ προσελθοῦσι τῷ ἄρχοντι.
동사: 2부/능/직//3/단, 현/분//남/복/여/서, 2부/능/분//남/복/여/서
너희가 그분과 함께 그 길에 있을 때에도 그 관원에게로 온 후에도 주님이 너희에게 이것들을 말씀하셨다.

5. Those who had heard the apostle saying these things saw the house which had been destroyed by the soldiers.
οἱ ἀκούσαντες τὸν ἀπόστολον λέγοντα ταῦτα εἶδον τὴν οἰκίαν τὴν λυθεῖσαν ὑπὸ τῶν στρατιωτῶν.

동사: 1부/능/분//남/복/주/독, 현/능/분//남/단/목/서, 2부/능/직//3/복, 부/수/분//여/단/목/관

그 사도가 이것들을 말하고 있을 때에 그 사도를(그 사도의 말을) 들은 자들이 그 군인들에 의해 파괴된 그 집을 보았다.

6. When the rulers had heard the things which were being said by the Lord, they persecuted the disciples.
ἀκούσαντες οἱ ἄρχοντες τὰ λεγόμενα ὑπὸ τοῦ κυρίου ἐδίωξαν τοὺς μαθητάς.

동사: 1부/능/분//남/복/주/서, 현/수/분//중/복/목/독, 1부/능/직//3/복

그 관원들이 주님에 의해 말해지고 있는 것들을 들은 후에 그 제자들을 박해했다.

7. While the disciples were being persecuted by the rulers, the apostles were going into another house.
τῶν μαθητῶν διωκομένων ὑπὸ τῶν ἀρχόντων οἱ ἀπόστολοι ἐπορεύοντο εἰς ἄλλην οἰκίαν.

동사: 현/수/분//남/복/소/소독, 미완/이/직//3/복

그 제자들이 그 관원들에 의해 박해받고 있을 때에 그 사도들은 다른 집으로 가고 있었다.

8. Those who went into the house of the ruler were my brothers.
οἱ εἰσελθόντες εἰς τὴν οἰκίαν τοῦ ἄρχοντος ἦσαν ἀδελφοί μου.
동사: 2부/능/분//남/복/주/독, 미완/직//3/복
그 관원의 집으로 들어간 자들은 나의 형제들이었다.

9. When our names have been written into the book of life, we shall see the Lord.
τῶν ὀνομάτων ἡμῶν γραφέντων εἰς τὸ βιβλίον τῆς ζωῆς ὀψόμεθα τὸν κύριον.
동사: 부/2수/분//남/복/소/소독, 미/이/직//1/복
우리의 이름들이 생명책 안으로 기록된 후에 우리는 주님을 볼 것이다.

10. Having been brought to the Lord by these disciples we see Him for ever.
προσενεγκόντες τῷ κυρίῳ ὑπὸ τούτων τῶν μαθητῶν βλέπομεν αὐτὸν εἰς τὸν αἰῶνα.
동사: 2부/능/분//남/복/주/서, 현/능/직//1/복
이 제자들에 의해 주님에게로 데려감을 당한 후 우리는 그분을 영원히 본다.

11. These are the rulers who have become disciples of Thee.
οὗτοί εἰσιν οἱ ἄρχοντες οἱ γενόμενοι μαθηταί σου.
동사: 현/직//3/복, 2부/이/분//남/복/주/관
이들은 당신의 제자들이 된 관원들이다.

12. When the apostle had been cast into prison, the disciples who had heard these things went away into another place.
τοῦ ἀποστόλου βληθέντος εἰς φυλακὴν οἱ μαθηταὶ οἱ ἀκούσαντες ταῦτα ἀπῆλθον εἰς ἄλλον τόπον.
동사: 부/수/분//남/단/소/소독, 1부/능/분//남/복/주/관, 2부/능/직//3/복
그 사도가 감옥 안으로 던져진 후 이것들을 들은 그 제자들은 다른 장소 안으로 떠나갔다.

13. After those women had been cast into prison, we went away into the desert.
ἐκείνων βληθεισῶν εἰς φυλακὴν ἀπήλθομεν εἰς τὴν ἔρημον.
동사: 부/수/분//여/복/소/소독, 2부/능/직//1/복
이 여자들이 감옥 안으로 던져진 후 우리는 그 광야 안으로 떠나갔다.

14. When those who had been cast into prison had seen the man who had been raised up, they marvelled and believed on the Lord.
ἰδόντες τὸν ἐγερθέντα οἱ βληθέντες εἰς φυλακὴν ἐθαύμασαν καὶ ἐπίστευσαν εἰς τὸν κύριον.
동사: 2부/능/분//남/복/주/서, 부/수/분//남/단/목/독, 부/수/분//남/복/주/독, 1부/능/직//3/복x2
감옥 안으로 던져진 자들이 그 일으킴을 받은 자를 본 후에 경이로워했고 주님을 믿었다.

15. When the disciples had led to the Lord those who had been persecuted on account of Him, those servants came to us bringing good gifts.
τῶν μαθητῶν ἀγαγόντων πρὸς τὸν κύριον τοὺς διωξαμένους δι᾽ αὐτὸν ἐκεῖνοι οἱ δοῦλοι προσῆλθον ἡμῖν φέροντες ἀγαθὰ δῶρα.
동사: 2부/능/분//남/복/소/소독, 1부/수/분//남/복/목/독, 2부/능/직//3/복, 현/능/분//남/복/주/서
그 제자들이 주님께로 그분 때문에 박해받은 자들을 인도한 후, 저 종들은 좋은 선물들을 운반하면서 우리에게 왔다.

16. Those who have not received this hope from God will not enter into the kingdom of heaven.
οἱ μὴ δεξάμενοι ταύτην τὴν ἐλπίδα ἀπὸ τοῦ θεοῦ οὐ εἰσελεύσονται εἰς τὴν βασιλείαν τοῦ οὐρανοῦ.
동사: 1부/이/분//남/복/주/독, 미/이/직//3/복
하나님으로부터 이 소망을 받지 못한 자들은 하늘의 나라(천국) 안으로 들어가지 못할 것이다.

21과 가정법

[동사분해 순서]
시상: **현**재, **미완**료, **미**래, **부**정과거 /
태: **능**동, **수**동, **이**태 /
법: **직**설, **분**사, **가**정 //
(직설법, 가정법) 인칭: **1, 2, 3** / 수: **단**, **복**
(분사) 성: **남**, **여**, **중** / 수: **단**, **복** / 격: **주**, **소**유, **여**, **목**적, **호** / 용법: **서**술, **관**형, **독**립, **소**유격**독**립분사구문
*직설법과 가정법은 어간에, 분사는 표지에 밑줄
(예.
γνωσόμεθα 미/이/직//1/복=미래 이태 직설법 1인칭 복수
σωθῶμεν 부/수/가//1/복=부정과거 수동태 가정법 1인칭 복수
πιστεύσαντας 1부/능/분//남/복/목/독=1부정과거 능동태 분사 남성 복수 목적격 독립적용법)
*가정법 시상 선택 지침(Machen, 131): 연습문제에서 현재와 부정과거 둘 다 사용 가능한 경우, "지속"에 대한 특별한 표지가 있을 때만 현재를 사용하고, 그 외에는 부정과거를 사용할 것

1. Let us receive the witness of these men, in order that we may be saved.
   δεξώμεθα τὴν μαρτυρίαν τούτων ἵνα σωθῶμεν.
   동사: 1부/이/가//1/복, 부/수/가//1/복
   우리가 구원받도록 이들의 증거를 받자.

2. If we do not turn to the Lord, we shall not know Him.
ἐὰν μὴ ἐπιστρέψωμεν πρὸς τὸν κύριον, οὐ γνωσόμεθα αὐτόν.
동사: 1부/능/가//1/복, 미/이/직//1/복
만일 우리가 주님에게로 돌아서지 않는다면, 우리는 그분을 알지 못할 것이다.

3. If the Lord prepares a place for us, we shall enter into heaven.
ἐὰν ὁ κύριος ἑτοιμάσῃ τόπον ἡμῖν, εἰσελευσόμεθα εἰς οὐρανόν.
동사: 1부/능/가//3/단, 미/이/직//1/복
만일 주님께서 우리를 위해 한 장소를 준비하신다면, 우리는 하늘 안으로 들어갈 것이다.

4. If we received this commandment from the Lord, let us preach the gospel to the multitudes.
εἰ ἐδεξάμεθα ταύτην τὴν ἐντολὴν ἀπὸ τοῦ κυρίου, εὐαγγέλισώμεθα τοῖς ὄχλοις (τοὺς ὄχλους).
동사: 1부/이/직//1/복, 1부/능/가//1/복
우리가 이 계명을 주님으로부터 받았다면, 그 무리들에게 복음 전하자.

5. If these men are disciples of the Lord, they will not persecute the saints.
εἰ οὗτοί εἰσιν μαθηταὶ τοῦ κυρίου, οὐ διώξουσι τοὺς ἁγίους.
동사: 현/직//3/복, 미/능/직//3/복
만일 이들이 주님의 제자들이라면, 그들은 그 성도들을 박해하지 않을 것이다.

6. If these rulers persecute those who believed on the Lord, they will not come to the Lord in order that they may be saved.
ἐὰν οὗτοι οἱ ἄρχοντες διώξωσι τοὺς πιστεύσαντας εἰς τὸν κύριον, οὐ προσελεύσονται τῷ κυρίῳ ἵνα σωθῶσιν.
동사: 1부/능/가//3/복, 1부/능/분//남/복/목/독, 미/이/직//3/복,
부/수/가//3/복
만일 이 관원들이 주님을 믿은 자들을 박해한다면, 그들은 구원받기 위해 주님께로 오지 않을 것이다.

7. If he sees the woman who received the saints, he will take the little children from her.
ἐὰν ἴδῃ τὴν δεξαμένην τοὺς ἁγίους, λήμψεται τὰ παιδία ἀπ' αὐτῆς.
동사: 2부/능/가//3/단, 1부/이/분//여/단/목/독, 미/이/직//3/단
만일 그가 그 성도들을 영접한 그 여자를 본다면, 그는 그녀로부터 그 어린 아이들을 취할 것이다.

8. When the disciples had said these things to the saints, they were taught by the Lord in order that they might sin no longer.
εἴποντες οἱ μαθηταὶ ταῦτα τοῖς ἁγίοις ἐδιδάχθησαν ὑπὸ τοῦ κυρίου ἵνα μηκέτι ἁμαρτήσωσιν.
동사: 2부/능/분//남/복/주/서, 부/수/직//3/복, 1부/능/가//3/복
그 제자들이 이것들을 그 성도들에게 말한 후에 그들은 그들이 더 이상 죄짓지 않도록 주님에 의해 가르침 받았다.

9. If the Son of Man came in order that He might save sinners, let us receive His witness.
εἰ ὁ υἱὸς τοῦ ἀνθρώπου ἦλθεν ἵνα σώσῃ ἁμαρτωλούς, δεξώμεθα τὴν μαρτυρίαν αὐτοῦ.
동사: 2부/능/직//3/단, 1부/능/가//3/단, 1부/이/가//1/복
만일 인자가 죄인들을 구원하기 위해 오셨다면, 그분의 증거를 받자.

10. If we know the Lord, let us not persecute His saints nor cast them out of the synagogue.
ἐὰν γινώσκωμεν τὸν κύριον, μὴ διώξωμεν τοὺς ἁγίους αὐτοῦ μηδὲ ἐκβάλωμεν αὐτοὺς ἐκ τῆς συναγωγῆς.
동사: 현/능/가//1/복, 1부/능/가//1/복, 2부/능/가//1/복
만일 우리가 주님을 알고 있다면, 그분의 성도들을 박해하지 말고 그들을 그 회당 밖으로 내쫓지도 말자.

11. If the crowds who have heard the Lord see Him in that synagogue, they will come to Him in order that He may say to them words of hope.
ἐὰν οἱ ὄχλοι οἱ ἀκούσαντες τὸν κύριον ἴδωσι αὐτὸν ἐν ἐκείνῃ τῇ συναγωγῇ, προσελεύσονται αὐτῷ ἵνα εἴπῃ αὐτοῖς λόγους ἐλπίδος.
동사: 1부/능/분//남/복/주/관, 2부/능/가//3/복, 미/이/직//3/복, 2부/능/가//3/단
만일 주님(의 말씀)을 들은 그 군중들이 저 회당 안에서 그분을 본다면, 그들은 그분이 그들에게 소망의 말씀들을 말하시도록 그분에게로 올 것이다.

12. Unless He says these things to the multitudes, they will not be saved.
ἐὰν μὴ εἴπῃ ταῦτα τοῖς ὄχλοις, οὐ σωθήσονται.
동사: 2부/능/가//3/단, 미/수/직//3/복
만일 그가 이것들을 그 군중들에게 말하지 않는다면, 그들은 구원받지 못할 것이다.

13. If thou seest in that night the one who saved thee, the ruler will persecute thee, in order that thou mayest not preach the gospel to the others.
ἐὰν ἴδῃς ἐν ἐκείνῃ τῇ νυκτὶ τὸν σώσαντά σε, ὁ ἄρχων διώξει σε ἵνα μὴ κηρύξῃς τὸ εὐαγγέλιον τοῖς ἄλλοις.
동사: 2부/능/가//2/단, 1부/능/분//남/단/목/독, 미/능/직//3/단, 1부/능/가//2/단
만일 네가 너를 구원한 자를 저 밤에 본다면, 그 관원은 네가 그 다른 이들에게 그 복음을 전하지 못하도록 너를 박해할 것이다.

14. The Lord came to us, in order that we might preach the gospel to you.
ὁ κύριος προσῆλθε ἡμῖν ἵνα εὐαγγέλισώμεθα ὑμῖν (ὑμᾶς).
동사: 2부/능/직//3/단, 1부/이/가//1/복
우리가 너희에게 복음 전하도록 주님이 우리에게 오셨다.

15. The faithful servants came, in order that they might bring to us those garments.
οἱ πιστοὶ δοῦλοι ἦλθον ἵνα προσενέγκωσι ἡμῖν ἐκεῖνα τὰ ἱμάτια.
동사: 2부/능/직//3/복, 2부/능/가//3/복
그 신실한 종들은 우리에게 저 겉옷들을 가져오기 위해 왔다.

22과 부정사

[동사분해 순서]
시상: **현**재, **미완**료, **미**래, **부**정과거 /
태: **능**동, **수**동, **이**태 /
법: **직**설법, **분**사, **가**정법, **부**정사 //
(직설법, 가정법) 인칭: **1, 2, 3** / 수: **단**, **복**
(분사) 성: **남**, **여**, **중** / 수: **단**, **복** / 격: **주**, **소유**, **여**, **목**적, **호** / 용법: **서**술, **관**형, **독**립, **소**유격**독**립분사구문
*직설법, 가정법, 부정사는 어간에, 분사는 표지에 밑줄
(예.
ἐκέλευον 미완/능/직//3/복=미완료 능동태 직설법 3인칭 복수
ἐνεγκεῖν 2부/능/부=2부정과거 능동태 부정사
ἐλθόντες 2부/능/분//남/복/주/독=2부정과거 능동태 분사 남성 복수 주격 독립적용법)

1. While Jesus was preaching the gospel to the people, the Pharisees were commanding the soldiers to bring Him.
ἐν τῷ εὐαγγελίζεσθαι τὸν Ἰησοῦν τῷ λαῷ (τὸν λαόν), οἱ Φαρισαῖοι ἐκέλευον τοὺς στρατιώτας ἐνεγκεῖν αὐτόν.
동사: 현/이/부, 미완/능/직//3/복, 2부/능/부
예수께서 그 백성에게 복음 전하고 있을 때에, 그 바리새인들은 그 군인들에게 그분을 데려오라고 명령하고 있었다.

2. After Jesus had commanded the crowds to go away, His disciples came to Him.
μετὰ τὸ κελεῦσαι τὸν Ἰησοῦν τοὺς ὄχλους ἀπελθεῖν, οἱ μαθηταὶ αὐτοῦ προσῆλθον αὐτῷ.
동사: 1부/능/부, 2부/능/부, 2부/능/직//3/복
예수께서 그 군중들에게 떠나가라고 명령한 후, 그분의 제자들이 그분에게로 왔다.

3. If we wish to see Jesus, let us go into this village.
εἰ θέλομεν ἰδεῖν τὸν Ἰησοῦν, εἰσέλθωμεν εἰς ταύτην τὴν κώμην.
동사: 현/능/직//1/복, 2부/능/부, 2부/능/가//1/복
만일 우리가 예수님 보기를 원한다면, 이 마을로 들어가자.

4. They said that it was lawful for them to take these garments.
εἶπον ὅτι ἔξεστιν αὐτοῖς λαβεῖν ταῦτα τὰ ἱμάτια.
동사: 2부/능/직//3/복, 비인칭, 2부/능/부
그들은 그들이 이 겉옷들을 취하는 것이 합당하다고 말했다.

5. They saw that it was necessary for the Son of Man to suffer these things.
εἶδον ὅτι δεῖ τὸν υἱὸν τοῦ ἀνθρώπου πάσχειν ταῦτα.
동사: 2부/능/직//3/복, 비인칭, 현/능/부
그들은 인자가 이것들 당하는 것이 필요하다는 것을 보았다.

6. After Jesus had said these things to the Pharisees, the multitudes went away.
μετὰ τὸ εἰπεῖν τὸν Ἰησοῦν ταῦτα τοῖς Φαρισαίοις, οἱ ὄχλοι ἀπῆλθον.
동사: 2부/능/부, 2부/능/직//3/복
예수께서 이것들을 그 바리새인들에게 말씀하신 후에 그 무리들은 떠나갔다.

7. On account of our not being disciples of Jesus, the ruler will command us to go away.
διὰ τὸ μη εἶναι ἡμᾶς μαθητὰς τοῦ Ἰησοῦ, ὁ ἄρχων κελεύσει ἡμᾶς ἀπελθεῖν.
동사: 현/부, 미/능/직//3/단, 2부/능/부
우리가 예수의 제자들이 아니었기 때문에, 그 관원은 우리에게 떠나가라고 명령했다.

8. After salvation had been proclaimed to the people, Jesus taught His disciples.
μετὰ τὸ κηρυχθῆναι σωτηρίαν τῷ λαῷ, ὁ Ἰησοῦς ἐδίδαξε τοὺς μαθητὰς αὐτοῦ.
동사: 부/수/부, 1부/능/직//3/단
그 백성에게 구원이 선포된 후, 예수께서는 그분의 제자들을 가르치셨다.

9. We ought when we suffer these things to pray to the One who has saved us.
ὀφείλομεν ἐν τῷ πάσχειν ἡμᾶς ταῦτα προσεύχεσθαι τῷ σώσαντι ἡμᾶς.
동사: 현/능/직//1/복, 현/능/부, 현/이/부, 1부/능/분//남/단/여/독
우리가 이것들을 당할 때에 우리는 우리를 구원한 분에게 기도해야 한다.

10. We shall be saved in that hour, because we have believed on the name of Jesus.
σωθησόμεθα ἐν ἐκείνῃ τῇ ὥρᾳ, διὰ τὸ πιστεῦσαι ἡμᾶς εἰς τὸ ὄνομα τοῦ Ἰησοῦ.
동사: 미/수/직//1/복, 1부/능/부
우리는 저 시간에 구원받을 것이다, 왜냐하면 우리가 예수의 이름을 믿었기 때문이다.

11. Those who had come into that village saw that Jesus was in the house.
οἱ ἐλθόντες εἰς ἐκείνην τὴν κώμην εἶδον τὸν Ἰησοῦν εἶναι ἐν τῷ οἴκῳ.
동사: 2부/능/분//남/복/주/독, 2부/능/직//3/복, 현/부
저 마을 안으로 온 자들이 예수께서 그 집 안에 계신 것을 보았다.

12. Let us not sin, for God will not receive into His kingdom those who sin and do not turn to Him.
μὴ ἁμαρτάνωμεν, ὁ γὰρ θεὸς οὐ δέξεται εἰς τὴν βασιλείαν αὐτοῦ τοὺς ἁμαρτάνοντας καὶ μὴ ἐπιστρέφοντας πρὸς αὐτόν.
동사: 현/능/가//1/복, 미/이/직//3/단, 현/능/분//남/복/목/독 x2
우리 죄짓지 말자, 왜냐하면 하나님은 죄짓고 그분에게로 돌아서지 않는 자들을 그분의 왕국 안으로 영접하지 않으실 것이기 때문이다.

13. While these men were praying to God, the soldiers were persecuting the Church.
ἐν τῷ προσεύχεσθαι τούτους τῷ θεῷ οἱ στρατιῶται ἐδίωκον τὴν ἐκκλησίαν.
동사: 현/이/부, 미완/능/직//3/복
이들이 하나님께 기도하고 있을 때에 그 군인들은 그 교회를 박해하고 있었다.

14. And when they had entered into this village, they said that they wished to see Jesus.
καὶ εἰσελθόντες εἰς ταύτην τὴν κώμην εἶπον ὅτι θέλουσι ἰδεῖν τὸν Ἰησοῦν.
동사: 2부/능/분//남/복/주/서, 2부/능/직//3/복, 현/능/직//3/복, 2부/능/부
그리고 그들이 이 마을로 들어간 후 그들은 예수 보기를 원한다고 말했다.

15. This woman came to see the works of the Christ.
    αὕτη ἦλθεν ἰδεῖν τὰ ἔργα τοῦ Χριστοῦ.

    동사: 2부/능/직//3/단, 2부/능/부

    이 여자는 그리스도의 일들을 보기 위해 왔다.

16. The men were brought to Jesus Christ in order that He might heal them.
    οἱ ἄνθρωποι προσηνέχθησαν τῷ Ἰησοῦ Χριστῷ ἵνα θεραπεύσῃ αὐτούς.

    동사: 부/수/직//3/복, 1부/능/가//3/단

    그 사람들이 예수 그리스도께 데려와 졌는데, 이는 그분이 그들을 고치시도록 하기 위함이었다.

23과 단축동사

1. Those things spake Jesus to those who were following Him out of Galilee.
   ἐκεῖνα ἐλάλησεν ὁ Ἰησοῦς τοῖς ἀκολουθοῦσιν αὐτῷ ἐκ τῆς Γαλιλαίας.
   동사: 1부/능/직//3/단, 현/능/분//남/복/여/독
   갈릴리로부터 그분을 따르는 자들에게 예수께서 저것들을 이야기하셨다.

2. I was beholding Him who had loved me and died in behalf of me.
   ἐθεώρουν τὸν ἀγαπήσαντά με καὶ ἀποθανόντα ὑπὲρ ἐμοῦ.
   동사: 미완/능/직//1/단, 1부/능/분//남/단/목/독, 2부/능/분//남/단/목/독
   나를 사랑했고 나를 위해 죽은 분을 내가 바라보고 있었다.

3. Let us worship the One who does these things and bless His holy name.
   προσκυνήσωμεν τῷ ποιοῦντι ταῦτα καὶ εὐλογήσωμεν τὸ ἅγιον ὄνομα αὐτοῦ.
   동사: 1부/능/가//1/복, 현/능/분//남/단/여/독, 1부/능/가//1/복
   이것들을 행하는 분에게 예배하고 그분의 거룩한 이름을 송축하자.

4. Those who were beholding Him as He was walking in Galilee were saying that they did not wish to follow Him.
οἱ θεωροῦντες αὐτὸν περιπατοῦντα ἐν τῇ Γαλιλαίᾳ ἔλεγον ὅτι οὐ θέλουσιν ἀκολουθεῖν αὐτῷ.
동사: 현/능/분//남/복/주/독, 현/능/분//남/단/목/서, 미완/능/직//3/복, 현/능/직//3/복, 현/능/부
그분이 갈릴리에서 걷고 계실 때에 그분을 바라보고 있던 자들이 그들은 그분을 따르기를 원하지 않는다고 말하고 있었다.

5. Having followed Jesus as He was walking in Galilee, they beheld Him also after He had been raised up from the dead.
ἀκολουθήσαντες τῷ Ἰησοῦ περιπατοῦντι ἐν τῇ Γαλιλαίᾳ, ἐθεώρησαν αὐτὸν καὶ ἐγερθέντα ἐκ τοῦ νεκροῦ.
동사: 1부/능/분//남/복/주/서, 현/능/분//남/단/목/서, 1부/능/직//3/복, 부/과/분//남/단/목/서
그분이 갈릴리에서 걷고 계실 때에 예수를 따른 후, 그들은 그분이 죽은 자들로부터 일으킴 받은 후에도 그분을 바라보았다.

6. Let us seek the One who has spoken to us words of hope.
ζητήσωμεν τὸν λαλήσαντα ἡμῖν λόγους ἐλπίδος.
동사: 1부/능/가//1/복, 1부/능/분//남/단/목/독
우리에게 소망의 말씀들을 이야기한 분을 찾자.

7. Let us bless the name of the One who walked with us in the world and was crucified in behalf of us.
εὐλογήσωμεν τὸ ὄνομα τοῦ περιπατήσαντος μεθ᾽ ἡμῶν ἐν τῷ κόσμῳ καὶ σταυρωθέντος ὑπὲρ ἡμῶν.
동사: 1부/능/가//1/복, 1부/능/분//남/단/소/독, 부/수/분//남/단/소/독
우리와 함께 세상에서 걸으셨고 우리를 위해 십자가에 달리신 분의 이름을 송축하자.

8. If thou followest Him who does these things, thou wilt behold Him in His glory.
ἐὰν ἀκολουθῇς τῷ ποιοῦντι ταῦτα, θεωρήσεις αὐτὸν ἐν τῇ δόξῃ αὐτοῦ.
동사: 현/능/가//2/단, 미/능/직//2/단
만일 네가 이것들 행하는 분을 따른다면, 너는 그분을 그분의 영광 가운데 바라볼 것이다.

9. If we do not love those who bless us we will not love those who do evil things.
ἐὰν μὴ ἀγαπῶμεν τοὺς εὐλογοῦντας ἡμᾶς, οὐκ ἀγαπήσομεν τοὺς ποιοῦντας πονηρά.
동사: 현/능/가//1/복, 현/능/분//남/복/목/독, 미/능/직//1/복, 현/능/분//남/복/목/독
만일 우리를 축복하는 자들을 우리가 사랑하지 않는다면, 우리는 악한 것들을 행하는 자들을 사랑하지 않을 것이다.

10. He loves us and makes manifest to us His glory, in order that we may bless God for ever.
ἀγαπᾳ ἡμᾶς καὶ δηλοῖ ἡμῖν τὴν δόξαν αὐτοῦ, ἵνα εὐλογῶμεν τὸν θεὸν εἰς τὸν αἰῶνα.
동사: 현/능/직//3/단x2, 현/능/가//1/복
그분은 우리를 사랑하고 우리에게 그분의 영광을 드러낸다, 우리가 하나님을 영원히 송축하도록.

11. While the multitudes were following Jesus and were hearing the things which were being spoken by Him, the rulers were saying that they did not love Him.
τῶν ὄχλων ἀκολουθούντων τῷ Ἰησοῦ καὶ ἀκουόντων τὰ λαλούμενα ὑπ᾽ αὐτοῦ, οἱ ἄρχοντες ἔλεγον ὅτι οὐ ἀγαπῶσιν αὐτόν.
동사: 현/능/분//남/복/소/소독x2, 현/수/분//중/복/목/독, 미완/능/직//3/복, 현/능/직//3/복
그 무리들이 예수를 따르고 있을 때에 그리고 그분에 의해 이야기되고 있는 것들을 듣고 있을 때에, 그들은 그분을 사랑하지 않는다고 그 관원들이 말하고 있었다.

12. I will show to those who have followed me the things which have been shown to me by Jesus.
δηλώσω τοῖς ἀκολουθήσασί μοι τὰ δηλωθέντα μοι ὑπὸ τοῦ Ἰησοῦ.
동사: 미/능/직//1/단, 1부/능/분//남/복/여/독, 부/수/분//중/복/목/독
나는 나를 따른 자들에게 예수에 의해 내게 보여진 것들을 보여줄 것이다.

13. These are those who love Jesus and beheld His works and were called into His kingdom.
οὗτοί εἰσιν οἱ ἀγαπῶντες τὸν Ἰησοῦν καὶ θεωρήσαντες τὰ ἔργα αὐτοῦ καὶ κληθέντες εἰς τὴν βασιλείαν αὐτοῦ.
동사: 현/직//3/복, 현/능/분//남/복/주/독, 1부/능/분//남/복/주/독, 부/수/분//남/복/주/독
이들은 예수를 사랑하는 자들이고 그분의 일들을 바라본 자들이고 그분의 왕국 안으로 부름받은 자들이다.

14. His brother exhorted him to follow Jesus in order that he might be with Him for ever.
ὁ ἀδελφὸς αὐτοῦ παρεκάλεσεν αὐτὸν ἀκολουθεῖν τῷ Ἰησοῦ ἵνα ᾖ μετ᾽ αὐτοῦ εἰς τὸν αἰῶνα.
동사: 1부/능/직//3/단, 현/능/부, 현/가//3/단
그의 형제는 그가 그분과 함께 영원히 있도록 예수를 따를 것을 그에게 권했다.

15. This parable we speak to those who love God and keep His commandments.
ταύτην τὴν παραβολὴν λαλοῦμεν τοῖς ἀγαπῶσι τὸν θεὸν καὶ τηροῦσι τὰς ἐντολὰς αὐτοῦ.
동사: 현/능/직//1/복, 현/능/분//남/복/여/독x2
하나님을 사랑하고 그분의 계명들을 지키는 자에게 우리가 이 비유를 이야기한다.

16. This is the child that blesses God and loves Him.
τοῦτό ἐστι τὸ τέκνον τὸ εὐλογοῦν τὸν θεὸν καὶ ἀγαπῶν αὐτόν.
동사: 현/직//3/단, 현/능/분//중/단/주/관x2
이는 하나님을 송축하고 그분을 사랑하는 아이다.

24과 유음동사

1. When Jesus has taken away our sins we shall be holy for ever.
   τοῦ Ἰησοῦ ἄραντος τὰς ἁμαρτίας ἡμῶν ἐσόμεθα ἅγιοι εἰς τὸν αἰῶνα.
   동사: 1부/능/분//남/단/소/소독, 미/직//1/복
   예수께서 우리의 죄들을 치워버리실 때 우리는 영원히 거룩하게 될 것이다.

2. Let us not begin to say in ourselves that we do not know Him.
   μὴ ἀρξώμεθα λέγειν ἐν ἑαυτοῖς ὅτι οὐ γινώσκομεν αὐτόν.
   동사: 1부/이/가//1/복, 현/능/부, 현/능/직//1/복
   우리가 그분을 알지 못한다고 우리 자신들 속에서 말하기를 시작하지 말자.

3. We shall not fear the ruler who killed the prophets, for God will send His angels to us.
   οὐ φοβηθησόμεθα τὸν ἄρχοντα τὸν ἀποκτείναντα τοὺς προφήτας, ὁ γὰρ θεὸς ἀποστελεῖ τοὺς ἀγγέλους αὐτοῦ πρὸς ἡμᾶς.
   동사: 부/이[수]/직//1/복, 1부/능/분//남/단/목/관, 미/능/직//3/단
   우리는 그 선지자들을 죽인 그 관원을 두려워하지 않을 것이다, 왜냐하면 하나님께서 그분의 천사들을 우리에게 보낼 것이기 때문이다.

4. When the soldiers had killed Jesus our Lord, we were afraid and went away from Him.
τῶν στρατιωτῶν ἀποκτεινάντων τὸν Ἰησοῦν τὸν κύριον ἡμῶν, ἐφοβήθημεν καὶ ἀπήλθομεν ἀπ᾽ αὐτοῦ.
동사: 1부/능/분//남/복/소/소독, 부/이[수]/직//1/복, 2부/능/직//1/복
그 군인들이 예수 우리 주님을 죽인 후 우리는 두려워하였고 그분으로부터 떠나갔다.

5. He said that it was not necessary for us to see each other.
εἶπεν ὅτι οὐ δεῖ ἡμᾶς ἰδεῖν ἀλλήλους.
동사: 2부/능/직//3/단, 비인칭, 2부/능/부
우리가 서로를 보는 것이 필요하지 않다고 그가 말했다.

6. If ye persecute and kill those who are being sent to you, ye shall no longer be the people of God.
ἐὰν διώξητε καὶ ἀποκτείνητε τοὺς πέμποντας πρὸς ὑμᾶς, οὐκ ἔσεσθε τὸν λαὸν τοῦ θεοῦ.
동사: 1부/능/가//2/복x2, 현/수/분//남/복/목/독, 미/직//2/복
만일 너희가 너희에게 보내지고 있는 자들을 박해하고 죽인다면, 너희는 더 이상 하나님의 백성이 되지 못할 것이다.

7. The multitudes went away, but those who remained said that He had the words of life.
οἱ ὄχλοι ἀπῆλθον, οἱ δὲ μένοντες εἶπον ὅτι ἔχει τοὺς λόγους τῆς ζωῆς.
동사: 2부/능/직//3/복, 현/능/분//남/복/주/독, 2부/능/직//3/복,
현/능/직//3/단
그 무리들은 떠나갔다, 그러나 머무는 자들은 그분이 생명의 말씀을 가진다고 말했다.

8. When Jesus had spoken these things and had sent His disciples into the villages of Galilee, the Pharisees were afraid of the people.
τοῦ Ἰησοῦ λαλήσαντος ταῦτα καὶ ἀποστείλαντος τοὺς μαθητὰς αὐτοῦ εἰς τὰς κώμας τῆς Γαλιλαίας, οἱ Φαρισαῖοι ἐφοβήθησαν τὸν λαόν.
동사: 1부/능/분//남/단/소/소독x2, 부/이[수]/직//3/복
예수께서 이것들을 이야기하시고 그분의 제자들을 갈릴리의 마을들 안으로 보내신 후, 그 바리새인들은 그 백성을 두려워했다.

9. Having killed Jesus they will cast out of their synagogues those who have believed on Him.
ἀποκτείναντες τὸν Ἰησοῦν ἐκβαλοῦσιν ἐκ τῶν συναγωγῶν αὐτῶν τοὺς πιστεύσαντας εἰς αὐτόν.
동사: 1부/능/분//남/복/주/서, 미/능/직//3/복, 1부/능/분//남/복
/목/독
예수를 죽인 후에 그들은 그분을 믿는 자들을 그들의 회당들 밖으로 내쫓았다.

10. The apostle himself did not save himself, but God was the One who saved him.
ὁ ἀπόστολος αὐτὸς οὐκ ἔσωσεν ἑαυτόν, ἀλλ᾽ ὁ θεὸς ἦν ὁ σώσας αὐτόν.
동사: 1부/능/직//3/단, 미완/직//3/단, 1부/능/분//남/단/주/독
그 사도 자신은 자신을 구원하지 못했다, 그러나 그를 구원한 분은 하나님이었다.

11. When the Lord had spoken this parable, those rulers said that they would kill those who had been sent by Him.
τοῦ κυρίου λαλήσαντος ταύτην τὴν παραβολήν, ἐκεῖνοι οἱ ἄρχοντες εἶπον ὅτι ἀποκτενοῦσι τοὺς ἀποστάλεντας ὑπ᾽ αὐτοῦ.
동사: 1부/능/분//남/단/소/소독, 2부/능/직//3/복, 미/능/직//3/복, 1부/수/분//남/복/목/독
주께서 이 비유를 이야기하신 후, 저 관원들은 그분에 의해 보냄받은 자들을 죽일 것이라고 말했다.

12. Unless Jesus himself sends us we shall not be disciples of Him.
ἐὰν ὁ Ἰησοῦς αὐτὸς μὴ ἀποστείλῃ ἡμᾶς, οὐκ ἐσόμεθα μαθηταὶ αὐτοῦ.
동사: 1부/능/가//3/단, 미/직//1/복
만일 예수님 자신이 우리를 보내지 않는다면, 우리는 그분의 제자들이 되지 못할 것이다.

13. Unless ye repent ye will remain in sin forever.
ἐὰν μὴ μετανοήσητε, μενεῖτε ἐν ἁμαρτίᾳ εἰς τὸν αἰῶνα.
동사: 1부/능/가//2/복, 미/능/직//2/복
만일 너희가 회개하지 않으면, 너희는 영원히 죄 안에 머물 것이다.

14. He who said this word to the One who sent the apostles will say the same word also to those who have been sent by Him.
ὁ εἰπὼν τοῦτον τὸν λόγον τῷ ἀποστείλαντι τοὺς ἀποστόλους ἐρεῖ τὸν αὐτὸν λόγον καὶ τοῖς ἀποσταλεῖσιν ὑπ᾽ αὐτοῦ.
동사: 2부/능/분//남/단/주/독, 1부/능/분//남/단/여/독, 미/능/직//3/단, 부/수/분//남/복/여/독
그 사도들을 보낸 분에게 이 말씀을 말한 자가 그분에 의해 보냄받은 자들에게도 같은 말씀을 말할 것이다.

15. Those good disciples, having loved those who were following Jesus, will love also those who follow His apostles.
ἐκεῖνοι οἱ ἀγαθοὶ μαθηταὶ ἀγαπήσαντες τοὺς ἀκολουθοῦντας τῷ Ἰησοῦ ἀγαπήσουσι καὶ τοὺς ἀκολουθοῦντας τοῖς ἀποστόλοις αὐτοῦ.
동사: 1부/능/분//남/복/주/서, 현/능/분//남/복/목/독, 미/능/직//3/복, 현/능/분//남/복/목/독
저 선한 제자들이 예수를 따르고 있던 자들을 사랑한 후에 그의 사도들을 따르는 자들도 사랑할 것이다.

16. Those who saw Him as He was walking in Galilee will behold Him in heaven for ever.
οἱ ἰδόντες αὐτὸν περιπατοῦντα ἐν τῇ Γαλιλαίᾳ θεωρήσουσιν αὐτὸν ἐν οὐρανῷ εἰς τὸν αἰῶνα.
동사: 2부/능/분//남/복/주/독, 현/능/분//남/단/목/서, 미/능/직//3/복
그분이 갈릴리에서 걷고 계실 때에 그분을 본 자들은 그분을 하늘에서 영원히 바라볼 것이다.

25과 3변화 추가, 3변화 형용사

1. This is the race that killed those who believe on Jesus.
   τοῦτό ἐστι τὸ γένος τὸ ἀποκτεῖναν τοὺς πιστεύοντας εἰς τὸν Ἰησοῦν.
   동사: 현/직//3/단, 1부/능/분//중/단/주/관, 현/능/분//남/복/목/독
   이는 예수를 믿는 자들을 죽인 종족이다.

2. When the scribes had entered into that city, the disciples went away to the mountains.
   τῶν γραμματέων εἰσελθόντων εἰς ἐκείνην τὴν πόλιν, οἱ μαθηταὶ ἀπῆλθον πρὸς τὰ ὄρη.
   동사: 2부/능/분//남/복/소/소독, 2부/능/직//3/복
   그 서기관들이 저 도시 안으로 들어간 후, 그 제자들은 그 산들로 떠나갔다.

3. We saw that the word which was being spoken by the man was true.
   εἴδομεν ὅτι τὸ ῥῆμα τὸ λαλούμενον ὑπὸ τοῦ ἀνδρός ἐστιν ἀληθές.
   동사: 2부/능/직//1/복, 현/수/분//중/단/주/관, 현/직//3/단
   그 남자에 의해 이야기되고 있는 그 말은 참이라는 것을 우리가 보았다.

4. When the Lord had said this to the chief priests, the ruler marvelled.
εἰπόντος τοῦ κυρίου τοῦτο τοῖς ἀρχιερεῦσιν, ὁ ἄρχων ἐθαύμασεν.
동사: 2부/능/분//남/단/소/소독, 1부/능/직//3/단
주님이 이것을 그 대제사장들에게 말씀하신 후에, 그 관원이 놀랐다.

5. The father of him who killed the men will kill also the children.
ὁ πατὴρ τοῦ ἀποκτείναντος τοὺς ἄνδρας ἀποκτενεῖ καὶ τὰ τέκνα.
동사: 1부/능/분//남/단/소/독, 미/능/직//3/단
그 남자들을 죽인 자의 아버지가 그 아이들도 죽일 것이다.

6. God will raise up from the dead those who have been saved by His grace.
ὁ θεὸς ἐγερεῖ ἐκ νεκρῶν τοὺς σωθέντας τῇ χάριτι αὐτοῦ.
동사: 미/능/직//3/단, 부/수/분//남/복/목/독
하나님께서 그분의 은혜로 구원받은 자들을 그 죽은 자들로부터(죽음에서) 일으키실 것이다.

7. Ye shall be saved by God through faith.
σωθήσεσθε ὑπὸ τοῦ θεοῦ διὰ τῆς πίστεως.
동사: 미/수/직//2/복
너희는 하나님에 의해 믿음을 통해 구원받을 것이다.

8. On account of the faith of the fathers and of the mothers the children will die in the evil city.
διὰ τὴν πίστιν τῶν πατέρων καὶ τῶν μητέρων τὰ τέκνα ἀποθανοῦνται ἐν τῇ πονηρᾷ πόλει.
동사: 미/이/직//3/복
그 아버지들과 그 어머니들의 믿음 때문에 그 아이들은 그 악한 도시에서 죽을 것이다.

9. The city being itself full of sin has also a wicked king.
οὖσα ἡ πόλις αὐτὴ πλήρης ἁμαρτίας ἔχει καὶ πονηρὸν βασιλέα.
동사: 현/분/여//단/주/서, 현/능/직//3/단
그 도시 자체가 죄로 가득하며 사악한 왕 또한 가지고 있다.

10. If we enter into those cities having our hearts full of grace and faith and hope, those who repent at our word will see the King in His glory.
ἐὰν εἰσέλθωμεν εἰς ἐκείνας τὰς πόλεις ἔχοντες τὰς καρδίας ἡμῶν πλήρεις χάριτος καὶ πίστεως καὶ ἐλπίδος, οἱ μετανοοῦντες ἐπὶ τῷ ῥήματι ἡμῶν ὄψονται τὸν βασιλέα ἐν τῇ δόξῃ αὐτοῦ.
동사: 2부/능/가//1/복, 현/능/분//남/복/주/서, 현/능/분//남/복/주/독, 미/이/직//3/복
만일 우리가 은혜와 믿음과 소망으로 가득 찬 우리의 마음들을 가지고 저 성들로 들어간다면, 우리의 말씀들에 회개하는 자들은 그 왕을 그분의 영광 가운데 볼 것이다.

11. Jesus said to the scribes who were following that He was going into the holy city.
ὁ Ἰησοῦς εἶπε τοῖς γραμματεῦσι τοῖς ἀκολουθοῦσιν ὅτι εἰσέρχεται εἰς τὴν ἁγίαν πόλιν.
동사: 2부/능/직//3/단, 현/능/분//남/복/여/관, 현/이/직//3/단
예수께서 그 따르고 있는 서기관들에게 그분이 그 거룩한 도시 안으로 가고 있다고 말씀하셨다

12. If we love the brethren we shall bless also the One who sent them into the nations.
ἐὰν ἀγαπήσωμεν τοὺς ἀδελφοὺς εὐλογήσομεν καὶ τὸν ἀποστείλαντα αὐτοὺς εἰς τὰ ἔθνη.
동사: 1부/능/가//1/복, 미/능/직//1/복, 1부/능/분//남/단/목/독
만일 우리가 그 형제들을 사랑한다면 우리는 그 민족들 안으로 그들을 보낸 분 또한 송축할 것이다.

13. The king said to my father that the chief priests and Pharisees wished to kill those who were following Jesus.
εἶπεν ὁ βασιλεὺς τῷ πατρί μου ὅτι οἱ ἀρχιερεῖς καὶ οἱ Φαρισαῖοι θέλουσι ἀποκτεῖναι τοὺς ἀκολουθοῦντας τῷ Ἰησοῦ.
동사: 2부/능/직//3/단, 현/능/직//3/복, 1부/능/부, 현/능/분//남/복/목/독
그 대제사장들과 바리새인들이 예수를 따르고 있는 자들을 죽이기 원한다고 그 왕이 내 아버지에게 말했다.

14. While Jesus was speaking these things in that wicked city, the chief priests were gathering together the soldiers in order that they might kill Him.
λαλοῦντος τοῦ Ἰησοῦ ταῦτα ἐν ἐκείνῃ τῇ πονηρᾷ πόλει, οἱ ἀρχιερεῖς συνῆγον τοὺς στρατιώτας ἵνα ἀποκτείνωσιν αὐτόν.

동사: 현/능/분//남/단/소/서, 미완/능/직//3/복, 1부/능/가//3/복

예수께서 이것들을 저 사악한 도시에서 이야기하고 계실 때에, 그 대제사장들이 그 군인들이 그분을 죽이도록 그들을 모으고 있었다.

15. Those who have not the grace of God in their hearts have neither life nor hope.
οἱ μὴ ἔχοντες τὴν χάριν τοῦ θεοῦ ἐν ταῖς καρδίαις αὐτῶν ἔχουσι οὐδὲ ζωὴν οὐδὲ ἐλπίδα.

동사: 현/능/분//남/복/주/독, 현/능/직//3/복

하나님의 은혜를 그들의 마음에 가지고 있지 않은 자들은 생명도 소망도 다 가지고 있지 않다.

16. If ye go into those cities and villages, ye shall see the king who killed your fathers and your mothers.
ἐὰν εἰσῆλθητε εἰς ἐκείνας τὰς πόλεις καὶ κώμας ὄψεσθε τὸν βασιλέα τὸν ἀποκτείναντα τοὺς πατέρας ὑμῶν καὶ τὰς μητέρας ὑμῶν.

동사: 2부/능/가//2/복, 미/이/직//2/복, 1부/능/분//남/단/목/관

만일 너희가 저 도시들과 마을들로 들어간다면 너희는 너희의 아버지들과 너희의 어머니들을 죽인 왕을 볼 것이다.

26과 수사 등

1. The chief priests saw that all the things which were being spoken by Jesus were true.
οἱ ἀρχιερεῖς εἶδον ὅτι ἀληθῆ ἐστι πάντα τὰ λαλούμενα ὑπὸ τοῦ Ἰησοῦ.
동사: 2부/능/직//3/복, 현/직//3/단, 현/수/분//중/복/주/독
그 대제사장들은 예수에 의해 이야기되고 있는 모든 것들이 참이라는 것을 보았다.

2. In that place there were about five thousand men with many gifts and many garments.
ἐν ἐκείνῳ τῷ τόπῳ ἦσαν ὡς πεντακισχίλιοι σὺν πολλοῖς δώροις καὶ πολλοῖς ἱματίοις.
동사: 미완/직//3/복
저 장소에 약 오천 명이 많은 선물들 및 많은 겉옷들과 함께 있었다.

3. Many are those that go down into the evil way, but few are those who walk in the ways of life.
πολλοί εἰσιν οἱ καταβαίνοντες εἰς τὴν πονηρὰν ὁδόν, ἀλλ' ὀλίγοι εἰσὶν οἱ περιπατοῦντες ἐν ταῖς οδοῖς τῆς ζωῆς.
동사: 현/직//3/복, 현/능/분//남/복/주/독, 현/직//3/복, 현/능/분//남/복/주/독
그 악한 길로 내려가는 자들은 많으나, 생명의 길들 안에서 걷는 자들은 적다.

4. If ye become disciples of me I will show you all things.
ἐὰν γένησθε μαθηταί μου δηλώσω ὑμῖν πάντα.
동사: 2부/이/가//2/복, 미/능/직//1/단
만일 너희가 나의 제자들이 된다면 나는 너희에게 모든 것들을 보여줄 것이다.

5. By the grace of God all we have become disciples of Jesus.
τῇ χάριτι τοῦ θεοῦ πάντες ἐγενόμεθα μαθητὰς τοῦ Ἰησοῦ.
동사: 2부/이/직//1/복
하나님의 은혜로 우리 모두가 예수의 제자들이 되었다.

6. Through faith we have become children of our Father who is in heaven, for Jesus has saved us.
διὰ πίστεως ἐγενόμεθα τέκνα τοῦ πατρὸς ἡμῶν τοῦ ἐν οὐρανῷ, ὁ γὰρ Ἰησοῦς ἔσωσεν ἡμᾶς.
동사: 2부/이/직//1/복, 1부/능/직//3/단
믿음을 통하여 우리는 하늘에 계신 우리 아버지의 아이들이 되었다. 왜냐하면 예수께서 우리를 구원하셨기 때문이다.

7. Let us do all the things that are in the law, according to the things that are being said to us by the prophets.
ποιῶμεν πάντα τὰ ἐν τῷ νόμῳ, κατὰ τὰ λεγόμενα ἡμῖν ὑπὸ τῶν προφητῶν.
동사: 현/능/가//1/복, 현/수/분//중/복/목/독
그 선지자들에 의해 우리에게 말해지고 있는 것들을 따라 율법에 있는 모든 것들을 행하자.

8. In that great city we saw three disciples of the Lord praying to their Father in heaven.
ἐν ἐκείνῃ τῇ μεγάλῃ πόλει εἴδομεν τρεῖς μαθητὰς τοῦ κυρίου προσευχομένους τῷ πατρὶ αὐτῶν τῷ ἐν οὐρανῷ.
동사: 2부/능/직//1/복, 현/이/분//남/복/목/서
저 큰 도시에서 우리는 주님의 세 제자를, 그들이 하늘에 계신 그들의 아버지께 기도하고 있을 때에, 보았다.

9. When Jesus had called one of the three men who were in the boat, he spake to him all the things concerning the Kingdom of God.
καλέσας ὁ Ἰησοῦς ἕνα τῶν τριῶν τῶν ἐν τῷ πλοίῳ, ἐλάλησεν αὐτῷ πάντα τὰ περὶ τῆς βασιλείας τοῦ θεοῦ.
동사: 1부/능/분//남/단/주/서, 1부/능/직//3/단
예수께서 그 배 안에 있는 세명 중 하나를 부르신 후 그에게 하나님의 왕국에 관한 모든 것들을 이야기하셨다.

10. We were in the same city one year, but Jesus sent us into all the villages which are in Galilee.
ἦμεν ἐν τῇ αὐτῇ πόλει ἓν ἔτος, ἀλλ᾽ ὁ Ἰησοῦς ἀπέστειλεν ἡμᾶς εἰς πάσας τὰς κώμας τὰς ἐν τῇ Γαλιλαίᾳ.
동사: 미완/직//1/복, 1부/능/직//3/단
우리는 한 해를 같은 도시에 있었다, 그러나 예수께서는 우리를 갈릴리에 있는 모든 마을들 안으로 보내셨다.

11. When Jesus had done all these great things, the Pharisees said that a demon was in Him.
ποιήσαντος τοῦ Ἰησοῦ πάντα ταῦτα τὰ μεγάλα, οἱ Φαρισαῖοι εἶπον ὅτι δαιμόνιόν ἐστιν ἐν αὐτῷ.
동사: 1부/능/분//남/단/소/소독, 2부/능/직//3/복, 현/직//3/단
예수께서 이 모든 큰 일들을 행하신 후에 그 바리새인들은 귀신이 그분 안에 있다고 말했다.

12. When Jesus had spoken all these things to the multitudes who were in the cities and villages, He sent the disciples in order that they might preach in the other cities also.
λαλήσας ὁ Ἰησοῦς πάντα ταῦτα τοῖς πλήθεσι τοῖς ἐν ταῖς πόλεσι καὶ κώμαις, ἀπέστειλε τοὺς μαθητὰς ἵνα κηρύξωσιν καὶ ἐν ταῖς ἄλλαις πόλεσιν.
동사: 1부/능/분//남/단/주/서, 1부/능/직//3/단, 1부/능/가//3/복
예수께서 이 모든 것들을 그 도시들과 마을들에 있는 무리들에게 이야기하신 후, 그 제자들을 보내셨는데, 이는 다른 도시들에서도 그들이 전파하게 하기 위함이었다.

13. All the churches shall see the One who saved them through His grace and sent to them the apostles.
ὄψονται πᾶσαι αἱ ἐκκλησίαι τὸν σώσαντα αὐτὰς διὰ τῆς χάριτος αὐτοῦ καὶ ἀποστείλαντα τοὺς ἀποστόλους πρὸς αὐτάς.
동사: 미/이/직//3/복, 1부/능/분//남/단/목/독x2
그 모든 교회들은 그분의 은혜를 통하여 그들을 구원하고 그들에게 그 사도들을 보낸 분을 볼 것이다.

14. Many kings and priests shall say that all the things which have been spoken by Jesus are true.
ἐροῦσι πολλοὶ βασιλεῖς καὶ ἱερεῖς ὅτι πάντα τὰ λαληθέντα ὑπὸ τοῦ Ἰησοῦ ἐστιν ἀληθῆ.
동사: 미/능/직//3/복, 부/수/분//중/복/주/독, 현/직//3/단
많은 왕들과 제사장들이 예수에 의하 이야기된 모든 것들은 참이라고 말할 것이다.

15. We saw no one in that great city except one disciple and a few children.
εἴδομεν οὐδένα ἐν ἐκείνῃ τῇ μεγάλῃ πόλει εἰ μὴ ἕνα μαθητὴν καὶ ὀλίγα τέκνα.
동사: 2부/능/직//1/복
우리가 제자 한 명과 몇몇 아이들을 제외하고는 저 큰 도시에서 아무도 보지 못했다.

16. Those who belonged to Jesus died on account of their faith.
οἱ τοῦ Ἰησοῦ ἀπέθανον διὰ τὴν πίστιν αὐτῶν.
동사: 2부/능/직//3/복
예수께 속한 자들은 그들의 믿음 때문에 죽었다.

27과 의문대명사 부정대명사 관계대명사 등

1. We did what those who were in the same city asked.
ἐποιήσαμεν ὃ οἱ ἐν τῇ αὐτῇ πόλει ᾔτησαν.
동사: 1부/능/직//1/복, 1부/능/직//3/복
그 같은 도시에 있는 자들이 요청한 것을 우리가 행했다.

2. The priests whom we saw while they were still there asked us who those disciples were.
οἱ ἱερεῖς οὓς εἴδομεν ἔτι ὄντας ἐκεῖ ἠρώτησαν ἡμᾶς τίνες ἐκεῖνοι οἱ μαθηταί εἰσιν.
동사: 2부/능/직//1/복, 현/분/남//복/목/서, 1부/능/직//3/복, 현/직//3/복
그들이 아직 거기에 있을 때에 우리가 본 그 제사장들이 저 제자들은 누구냐고 우리에게 물었다.

3. Whoever does not do what I say shall not receive from me what he asks.
ὃς ἐὰν μὴ ποιήσῃ ὃ λέγω οὐ δέξεται ἀπ᾽ ἐμοῦ ὃ αἰτεῖ.
동사: 1부/능/가//3/단, 현/능/직//1/단, 미/이/직//3/단, 현/능/직//3/단
내가 말하는 것을 행하지 않는 자는 누구든지 그가 요청하는 것을 나로부터 받지 못할 것이다.

4. A certain scribe went into the city in order that he might take the books which the prophets had written.
γραμματεύς τις εἰσῆλθεν εἰς τὴν πόλιν ἵνα λάβῃ τὰ βιβλία ἃ οἱ προφῆται ἔγραψαν.
동사: 2부/능/직//3/단, 2부/능/가//3/단, 1부/능/직//3/복
그 선지자들이 쓴 책들을 취하기 위해 어떤 서기관이 그 도시로 들어갔다.

5. Into whatever nation we go, let us seek the disciples who are in it.
εἰς ὃ ἂν ἔθνος εἰσέλθωμεν ζητήσωμεν τοὺς μαθητὰς τοὺς ἐν αὐτῷ.
동사: 2부/능/가//1/복, 1부/능/가//1/복
우리가 어느 민족 안으로든 들어간다면, 그 안에 있는 제자들을 찾자.

6. What shall we say concerning all these things?
τί ἐροῦμεν περὶ πάντων τούτων;
동사: 미/능/직//1/복
이 모든 것들에 관하여 우리가 무엇을 말할까?

7. They asked us what they should say concerning those in the city.
ἠρώτησαν ἡμᾶς τί εἴπωσι περὶ τῶν ἐν τῇ πόλει.
동사: 1부/능/직//3/복, 2부/능/가//3/복
그들은 우리에게 그들이 그 도시 안에 있는 자들에 관하여 무엇을 말해야 할지를 물었다.

8. A certain man having come to Jesus said that he wished to be healed.
προσελθών τις τῷ Ἰησοῦ εἶπεν ὅτι θέλει θεραπευθῆναι.
동사: 2부/능/분//남/단/주/서, 2부/능/직//3/단, 현/능/직//3/단, 부/수/부
어떤 사람이 예수께 온 후 그가 고침 받기를 원한다고 말했다.

9. Whoever shall ask anything shall receive what he asks.
ὃς ἐάν τι αἰτήσῃ δέξεται ὃ αἰτεῖ.
동사: 1부/능/가//3/단, 미/이/직//3/단, 현/능/직//3/단
무엇이든 구하는 자는 누구든지 그가 구하는 것을 받을 것이다.

10. They asked Jesus what the will of God was.
ἠρώτησαν τὸν Ἰησοῦν τί τὸ θέλημα τοῦ θεοῦ ἐστιν.
동사: 1부/능/직//3/복, 현/직//3/단
그들은 예수께 하나님의 뜻이 무엇인지 물었다.

11. Whoever kills his brother will come into the judgment.
ὃς ἐὰν ἀποκτείνῃ τὸν ἀδελφὸν αὐτοῦ ἐλεύσεται εἰς τὴν κρίσιν.
동사: 1부/능/가//3/단, 미/이/직//3/단
그의 형제를 죽이는 자는 누구든지 심판으로 올 것이다.

12. Why then do you eat what it is not lawful to eat?
τί οὖν ἐσθίετε ὃ οὐκ ἔξεστιν φαγεῖν;
동사: 현/능/직//2/복, 비인칭, 2부/능/부
그러면 너희는 왜 먹기에 합당하지 않은 것을 먹느냐?

13. Whoever is not taught by the Lord will not know Him.
ὃς ἐὰν μὴ διδάσκηται ὑπὸ τοῦ κυρίου οὐ γνώσεται αὐτόν.
동사: 현/능/가//3/단, 미/이/직//3/단
주님에 의해 가르침 받지 않는 자는 누구든지 그분을 알지 못할 것이다.

14. When the chief priests had seen what Jesus was doing they sent a certain messenger to the Pharisees.
ἰδόντες οἱ ἀρχιερεῖς ἃ ὁ Ἰησοῦς ἐποίει ἔπεμψαν ἄγγελόν τινα πρὸς τοὺς Φαρισαίους.
동사: 2부/능/분//남/복/주/서, 미완/능/직//3/단, 1부/능/직//3/복
그 대제사장들이 예수께서 행하고 계시던 것을 본 후에 그 바리새인들에게 어떤 사자를 보냈다.

15. Where shall we abide? For the night is coming and no one has said to us what we shall do.
πού μενῶμεν; ἡ γὰρ νύξ ἔρχεται καὶ οὐδεὶς εἶπεν ἡμῖν τί ποιήσομεν.
동사: 미/능/직//1/복, 현/이/직//3/단, 2부/능/직//3/단, 미/능/직//1/복
우리가 어디에 머물러야 할까? 왜냐하면 밤이 오고 있고 아무도 우리가 무엇을 할 것인지 우리에게 말하지 않았기 때문이다.

28과 명령법

[동사분해 순서]
시상: **현**재, **미완**료, **미**래, **부**정과거 /
태: **능**동, **수**동, **이**태 /
법: **직**설법, **분**사, **가**정법, **부**정사, **명**령법 //
(직설법, 가정법, 명령법) 인칭: **1**, **2**, **3** / 수: **단**, **복**
(분사) 성: **남**, **여**, **중** / 수: **단**, **복** / 격: **주**, **소**유, **여**, **목**적, **호** / 용법: **서**술, **관**형, **독**립, **소**유격**독**립분사구문
*직설법, 가정법, 부정사, 명령법은 어간에, 분사는 표지에 밑줄
(예. λαλεῖτε 현/능/명//2/복=현재 능동태 명령법 2인칭 복수
σώσας 1부/능/분//남/단/주/독=1부정과거 능동태 분사 남성 단수 주격 독립적용법)

1. Speak ye to all the Gentiles the things which I have spoken to you.
   λαλεῖτε πᾶσι τοῖς ἔθνεσιν ἃ ἐλάλησα ὑμῖν.
   동사: 현/능/명//2/복, 1부/능/직//1/단
   내가 너희에게 이야기한 것들을 너희는 모든 이방인들에게 이야기하라.

2. Do not say in your heart that ye do not wish to do the things which the king commands.
μὴ εἴπητε ἐν τῇ καρδίᾳ ὑμῶν ὅτι οὐ θέλετε ποιῆσαι ἃ ὁ βασιλεὺς κελεύει.
동사: 2부/능/가//2/복, 현/능/직//2/복, 1부/능/부, 현/능/직//3/단
그 왕이 명령하는 것들 행하기를 너희가 원하지 않는다고 너희 마음 속에 말하지 말라.

3. Let no one fear those evil priests, for whoever does the will of God shall go out with joy.
μηδεὶς φοβείσθω ἐκείνους τοὺς πονηροὺς ἱερεῖς, ὅστις γὰρ ποιεῖ τὸ θέλημα τοῦ θεοῦ ἐξελεύσεται μετὰ χαρᾶς.
동사: 현/이/명//3/단, 현/능/직//3/단, 미/이/직//3/단
아무도 그 악한 제사장들을 두려워하지 않게 하라, 왜냐하면 하나님의 뜻을 행하는 자는 누구든지 기쁨과 함께(기쁨으로) 나갈 것이기 때문이다.

4. Let Him who has saved us through His blood have mercy on us in these evil days.
ὁ σώσας ἡμᾶς διὰ τοῦ αἵματος αὐτοῦ ἐλεησάτω ἡμᾶς ἐν ταύταις ταῖς πονηραῖς ἡμέραις.
동사: 1부/능/분//남/단/주/독, 1부/능/명//3/단
그분의 피를 통해 우리를 구원한 분이 이 악한 날들에 우리를 불쌍히 여기소서.

5. Whosoever loves God shall come to the light, but he who does not love Him shall walk in the darkness.
ὅστις ἀγαπᾷ τὸν θεὸν προσελεύσεται τῷ φωτί, ἀλλ' ὁ μὴ ἀγαπῶν αὐτὸν περιπατήσει ἐν τῷ σκότει.
동사: 현/능/직//3/단, 미/이/직//3/단, 현/능/분//남/단/주/독,
미/능/직//3/단
하나님을 사랑하는 자는 누구든지 빛으로 올 것이다, 그러나 그분을 사랑하지 않는 자는 어드움 안에서 걸을 것이다.

6. As manysoever things as ye do, do in the light, in order that the name of God may be hallowed.
ὅσα ἐὰν ποιῆτε, ποιεῖτε ἐν τῷ φωτί, ἵνα ἁγιασθῇ τὸ ὄνομα τοῦ θεοῦ.
동사: 현/능/가//2/복, 현/능/명//2/복, 부/과/가//1/단
하나님의 이름이 거룩히 여김 받도록 너희가 행하는 것들은 무엇이든지 빛 안에서 행하라.

7. Let these men be baptized, for Christ has saved them through His word.
οὗτοι βαπτισθήτωσαν, ὁ γὰρ Χριστὸς ἔσωσεν αὐτοὺς διὰ τοῦ λόγου αὐτοῦ.
동사: 부/수/명//3/복, 1부/능/직//3/단
이들은 세례받을지어다, 왜냐하면 그리스도께서 그분의 말씀을 통하여 그들을 구원하셨기 때문이다.

8. Pray to thy Father in heaven, for He will do whatsoever things thou askest.
προσεύχου τῷ πατρί σου τῷ ἐν οὐρανῷ, ποιήσει γὰρ ὅσα ἂν αἰτῇς.
동사: 현/이/명//2/단, 미/능/직//3/단, 현/능/가//2/단
하늘에 계신 너의 아버지께 기도하라, 왜냐하면 그분은 네가 구하는 것들은 무엇이든지 행하실 것이기 때문이다.

9. Let not the king say this, for we are all faithful men.
μὴ εἴπῃ ὁ βασιλεὺς τοῦτο, πάντες γάρ ἐσμεν πιστοί.
동사: 2부/능/가/3/단, 현/직/1/복
그 왕이 이것을 못 하게 하라, 왜냐하면 우리는 모두 신실한 사람들이기 때문이다.

10. Let us not do the things which the evil men said to us.
μὴ ποιήσωμεν ἃ οἱ πονηροὶ εἶπον ἡμῖν.
동사: 1부/능/가//1/복, 2부/능/직//3/복
그 악한 자들이 우리에게 말한 것들을 행하지 말자.

11. Have mercy on all men, for the Lord has had mercy on you.
ἐλεήσατε πάντας, ὁ γὰρ κύριος ἠλέησεν ὑμᾶς.
동사: 1부/능/명//2/복, 1부/능/직//3/단
(당신들은) 모든 이들을 불쌍히 여기라, 왜냐하면 주님께서 당신들을 불쌍히 여기셨기 때문이다.

12. As many things as are good, do; but as many things as are evil, do not even speak concerning these.
ὅσα ἐστὶν ἀγαθά ποιήσατε· ὅσα ἐστὶν πονηρὰ μηδὲ λαλήσητε περὶ τούτων.
동사: 현/직//3/단, 1부/능/명//2/복, 현/직//3/단, 1부/능/가 //2/복
무엇이든지 선한 것들은 행하라, 그러나 무엇이든지 악한 것들은 이들에 관하여 이야기도 말라.

13. The disciples asked the apostle what they should eat, and the apostle said to them,"Go into the villages and eat the bread which is in them."
οἱ μαθηταὶ ἠρώτησαν τὸν ἀπόστολον τί φάγωσιν, καὶ ὁ ἀπόστολος εἶπεν αὐτοῖς Εἰσέλθετε εἰς τὰς κώμας καὶ φάγετε τὸν ἄρτον τὸν ἐν αὐταῖς.
동사: 1부/능/직//3/복, 2부/능/가//3/복, 2부/능/직//3/단, 2부/능/명//2/복x2
그 제자들이 무엇을 먹을지를 그 사도에게 물었다, 그리고 그 사도는 그들에게 말했다, "그 마을들로 들어가서 그것들(그곳들) 안에 있는 떡을 먹어라."

14. Do not begin to say in yourselves that you do not know the truth.
μὴ ἄρξησθε λέγειν ἐν ἑαυτοῖς ὅτι οὐ γινώσκετε τὴν ἀλήθειαν.
동사: 1부/이/가//2/복, 현/능/부, 현/능/직//2/복
너희가 진리를 알지 못한다고 너희 자신들 안에서 말하기를 시작하지 말라.

15. Let those who are in the fields not return into their houses.
μὴ ἐπιστρέψωσιν οἱ ἐν τοῖς ἀγροῖς εἰς τοὺς οἴκους αὐτῶν.
동사: 1부/능/가//3/복
밭들에 있는 자들은 그들의 집들로 돌아가지 말지어다.

16. Lord, save me, for I have broken thy commandments.
κύριε, σῶσόν με, τὰς γὰρ ἐντολάς σου ἔλυσα.
동사: 1부/능/명//2/단, 1부/능/직//1/단
주님, 저를 구원해 주세요, 왜냐하면 저는 당신의 계명들을 어겼기 때문입니다.

29과 완료

[동사분해 순서]
시상: **현**재, **미완**료, **미**래, **부**정과거, **완**료, **과**거**완**료 /
태: **능**동, **수**동, **이**태 /
법: **직**설법, **분**사, **가**정법, **부**정사, **명**령법 //
(직설법, 가정법, 명령법) 인칭: **1, 2, 3** / 수: **단**, **복**
(분사) 성: **남**, **여**, **중** / 수: **단**, **복** / 격: **주**, **소**유, **여**, **목**적, **호** / 용법: **서**술, **관**형, **독**립, **소**유격**독**립분사구문
*직설법, 가정법, 부정사, 명령법은 어간에, 분사는 표지에 밑줄
(예.
πεπίστευκα 완/능/직//1/단=완료 능동태 직설법 1인칭 단수
βεβαπτισμένοι 완/수/분//남/복/주/관=완료 수동태 분사 남성 복수 주격 관형적용법)

1. Where is the priest? He is already come.
πού ἐστιν ὁ ἱερεύς; ἤδη ἐλήλυθεν.
동사: 현/직//3/단, 완/능//직/3/단
그 제사장이 어디 있는가? 그는 이미 와있다.

2. All the baptized disciples are in the small city.
πάντες οἱ βεβαπτισμένοι μαθηταί εἰσιν ἐν τῇ μικρᾷ πόλει.
동사: 완/수/분//남/복/주/관, 현/직//3/복
세례받은 모든 제자들이 그 작은 도시에 있다.

3. The priests having been baptized came together into the same house.
βαπτισθέντες οἱ ἱερεῖς συνῆλθον εἰς τὸν αὐτὸν οἶκον.
동사: 부/수/분//남/복/주/서, 2부/능/직//3/복
그 제사장들이 세례받은 후에 같은 그 집으로 함께왔다.

4. Where is the multitude? It has already come near.
ποῦ ἐστιν ὁ ὄχλος; ἤδη ἤγγικεν.
동사: 현/직//3/단, 완/능//직/3/단
그 무리가 어디 있나? 이미 가까이 와있다.

5. What is in thy heart? I have believed on the Lord.
τί ἐστιν ἐν τῇ καρδίᾳ σου; πεπίστευκα εἰς τὸν κύριον.
동사: 현/직//3/단, 완/능/직//1/단
너의 마음 속에 무엇이 있나? 나는 주님을 믿는다(믿음이 와있다).

6. Art thou faithful? I have kept the faith.
εἶ πιστός; τετήρηκα τὴν πίστιν.
동사: 현/직//2/단, 완/능//직/1/단
너는 신실한가? 나는 믿음을 지켰다(지켜 왔다).

7. It is written through the prophet that the Messiah is coming in these days, and we know that His kingdom is come near.
γέγραπται διὰ τοῦ προφήτου ὅτι ὁ Χριστὸς ἔρχεται ἐν ταύταις ταῖς ἡμέραις, καὶ γινώσκομεν ὅτι ἡ βασιλεία αὐτοῦ ἤγγικεν.

동사: 완/수/직//3/단, 현/이/직//3/단, 현/능/직//1/복, 완/능/직//3/단

이 날들에 그리스도께서 오신다고 그 선지자에 의해 기록되어 있다, 그리고 우리는 그의 왕국이 가까이 와있다는 것을 안다.

8. Children beloved by your Father, enter ye into the joy kept in heaven for those who have believed on Christ.
τέκνα ἠγαπημένα ὑπὸ τοῦ πατρὸς ὑμῶν, εἰσέλθετε εἰς τὴν χαρὰν τὴν τετηρημένην ἐν οὐρανῷ τοῖς πεπιστευκόσιν εἰς τὸν Χριστόν.

동사: 완/수/분//중/복/호/관, 2부/능/명//2/복, 완/수/분//여/단/목/관, 완/능/분//남/복/여/독

너희 아버지에 의해 사랑받는 아이들아, 너희는 그리스도를 믿은(믿어 있는) 자들을 위해 하늘에 지켜진(보존되어 있는) 있는 기쁨으로 들어가라.

9. Who is this man? He is a child begotten by God.
τίς ἐστιν οὗτος; ἐστὶν τέκνον γεγεννημένον ὑπὸ τοῦ θεοῦ.

동사: 현/직//3/단x2, 완/수/분//중/단/주/관

이자가 누구인가? 그는 하나님에 의해 난 아이다.

10. Having been crucified by the soldiers the Lord died, but now He is risen.
σταυρωθεὶς ὑπὸ τῶν στρατιωτῶν ὁ κύριος ἀπέθανεν, ἀλλὰ νῦν ἐγήγερται.
동사: 부/수/분//남/단/주/서, 2부/능/직//3/단, 완/수/직//3/단
그 군인들에 의해 십자가에 못박힌 후 주님은 죽었다, 그러나 지금 그분은 일으켜져 있다(부활했다).

11. Brethren beloved by all the disciples, why do ye not pity the little ones?
ἀδελφοὶ ἠγαπημένοι ὑπὸ πάντων τῶν μαθητῶν, τί οὐκ ἐλεεῖτε τοὺς μικρούς;
동사: 완/수/분//남/복/호/관, 현/능/직//2/복
모든 제자들에 의해 사랑받는 형제들아, 너희는 왜 작은 자들을 불쌍히 여기지 않는가?

12. Those who are come out of the darkness into the light know that God will do all the things written in the Law and the prophets.
οἱ ἐληλυθότες ἐκ τοῦ σκότους εἰς τὸ φῶς γινώσκουσιν ὅτι ὁ θεὸς ποιήσει πάντα τὰ γεγραμμένα ἐν τῷ νόμῳ καὶ τοῖς προφήταις.
동사: 완/능/분//남/복/주/독, 현/능/직//3/복, 미/능/직//3/단,
완/수/분//중/복/목/독
어두움에서(밖으로) 빛(안)으로 와있는 자들은 하나님께서 율법과 선지자들에 기록되어 있는 모든 것들을 행하실 것이라는 것을 안다.

13. All the things written or spoken through this prophet are true.
πάντα τὰ γεγραμμένα ἢ λελαλημένα διὰ τούτου τοῦ προφήτου ἀληθῆ ἐστιν.
동사: 완/수/분//중/복/주/독x2, 현/직//3/단
이 선지자에 의해 기록되어 있거나 이야기되어 있는 모든 것들이 참이다.

14. This is come to pass in order that that which was said by the Lord through the prophet might be fulfilled.
τοῦτο γέγονεν ἵνα πληρωθῇ τὸ ῥηθὲν ὑπὸ τοῦ κυρίου διὰ τοῦ προφήτου.
동사: 완/능/직//3/단, 부/수/가//3/단, 부/수/분//중/단/주/독
주님에 의해 그 선지자들 통하여 말해진 것이 성취되도록 이것이 일어났다.

15. If thou art already loosed, give thanks to Him who loosed you.
εἰ ἤδη λέλυσαι, εὐχαρίτησον τῷ λύσαντί σε.
동사: 완/수/직//2/단, 1부/능/명//2/단, 1부/능/분//남/단/여/독
네가 이미 풀려 있다면, 너를 푼 분에게 감사하라.

16. Where is the prophet whom the soldiers persecuted? He is become king of many cities.
ποῦ ἐστιν ὁ προφήτης ὃν οἱ στρατιῶται ἐδίωξαν; γέγονε βασιλεὺς πολλῶν πόλεων.
동사: 현/직//3/단, 1부/능/직//3/복, 완/능/직//3/단
그 군인들이 박해한 그 선지자가 어디 있는가? 그는 많은 도시들의 왕이 되어 있다.

30과 형용사의 비교 등

1. Those who have done one work well will do also greater things.
   οἱ ποιήσαντες ἓν ἔργον καλῶς ποιήσουσιν καὶ μείζονα.
   동사: 1부/능/분//남/복/주/독, 미/능/직//3/복
   한 가지 일을 잘 한 자들은 더 큰 일들도 할 것이다.

2. He who rules his own house well does a greater thing than he who takes many cities.
   ὁ ἄρχων τοῦ ἰδίου οἴκου καλῶς ποιεῖ μεῖζον τοῦ λαμβάνοντος πολλὰς πόλεις.
   동사: 현/능/분//남/단/주/독, 현/능/직//3/단, 현/능/분//남/단/소/독
   자신의 집을 잘 다스리는 자는 많은 도시들을 취하는 자보다 더 큰 일을 한다.

3. Why do ye do these things? Are ye kings and priests? Are ye not servants?
   τί ποιεῖτε ταῦτα; μή ἐστε βασιλεῖς καὶ ἱερεῖς; οὔκ ἐστε δοῦλοι;
   동사: 현/능/직//2/복, 현/직//2/복x2
   너희는 왜 이것들을 하는가? 너희가 왕들이고 제사장들인가? 너희는 종들이 아닌가?

4. Those who were in the darkness besought us that we should pity them and not cast them out.
οἱ ὄντες ἐν τῷ σκότει παρεκάλεσαν ἡμᾶς ἵνα ἐλεήσωμεν αὐτοὺς καὶ μὴ ἐκβάλωμεν αὐτούς.
동사: 현/분//남/복/주/독, 1부/능/직//3/복, 1부/능/가//1/복, 2부/능/가//1/복
어둠 속에 있는 자들이 우리가 그들을 불쌍히 여기고 그들을 내쫓지 않기를 우리에게 간청했다.

5. Those who belong to me are in the city and those who belong to thee are outside of it, but we shall all be in the presence of God.
οἱ ἐμοί εἰσιν ἐν τῇ πόλει καὶ οἱ σοί εἰσιν ἔξω αὐτῆς, ἀλλ᾽ ἐσόμεθα πάντες ἐνώπιον τοῦ θεοῦ.
동사: 현/직//3/단x2, 미/직//1/복
나에게 속한 자들은 그 도시 안에 있고 너에게 속한 자들은 그곳 밖에 있다, 그러나 우리 모두는 하나님 면전에 있을 것이다.

6. Art thou stronger than the One who made the earth and the sea and all the things that are in them?
μὴ εἶ ἰσχυρότερος τοῦ ποιήσαντος τὴν γῆν καὶ τὴν θάλασσαν καὶ πάντα τὰ ἐν αὐταῖς;
동사: 현/직//2/단
네가 땅과 바다와 그 가운데 모든 것들을 지으신 분보다 더 강하냐?

7. Do not fear him who kills the body, but fear rather Him who has made all things.
μὴ φοβεῖσθε τὸν ἀποκτείνοντα τὸ σῶμα, ἀλλὰ φοβεῖσθε μᾶλλον τὸν ποίησαντα πάντα.
동사: 현/이/가//2/복, 현/능/분//남/단/목/독, 현/이/가//2/복, 1부/능/분//남/단/목/독
몸을 죽이는 자를 두려워하지 말라, 오히려 그보다는 모든 것들을 만드신 분을 두려워하라.

8. When ye have seen your own brethren ye shall go also to the Gentiles.
ἰδόντες τοὺς ἰδίους ἀδελφοὺς ὑμῶν ἐλεύσεσθε καὶ πρὸς τὰ ἔθνη.
동사: 2부/능/분//남/복/주/서, 미/이/직//2/복
너희 자신들의 형제들을 본후 너희는 그 이방인들에게도 갈 것이다.

9. We have more servants than you, but ours are not sufficient to evangelize all the Gentiles.
ἔχομεν πλείονας δούλους ὑμῶν, οἱ δὲ ἡμετεροι οὔκ εἰσιν ἱκανοὶ ἵνα εὐαγγελίσωνται πάντα τὰ ἔθνη.
동사: 현/능/직//1/복, 현/직//3/복, 1부/이/가//3/복
우리는 너희보다 더 많은 종들을 가진다, 그러나 우리에게 속한 이들이 모든 이방인들에게 복음전하기에는 충분치 않다.

10. Those who worship the Lord by day and by night shall be stronger than those who persecute them.
οἱ προσκυνοῦντες τὸν κύριον ἡμέρας καὶ νυκτὸς ἔσονται ἰσχυρότεροι τῶν διωκόντων αὐτούς.
동사: 현/능/분//남/복/주/독, 미/직//3/복
낮과 밤에(밤낮) 주님을 경배하는 자들은 그들을 박해하는 자들보다 더 강할 것이다.

11. More are those who are with us than those who are with them.
πλείονές εἰσιν οἱ σὺν ἡμῖν τῶν σὺν αὐτοῖς.
동사: 현/직//3/복
우리와 함께하는 이들이 그들과 함께하는 이들보다 더 많다.

12. Being with you in heart, not in countenance, we exhorted you that ye should do well all the things which we had commanded you.
ὄντες σὺν ὑμῖν τῇ καρδίᾳ οὐ τῷ προσωπῳ παρεκαλέσαμεν ὑμᾶς ἵνα ποιῆτε καλῶς πάντα ἃ ἐκελεύσαμεν ὑμᾶς.
동사: 현/분//남/복/주/서, 1부/능/직//1/복, 현/능/가//2/복, 1부/능/직//1/복
얼굴이 아닌 마음으로 너희와 함께 하면서 우리는 우리가 너희에게 명령한 모든 것들을 너희가 잘 행하라고 너희에게 촉구했다.

13. The priests went out of the city, lest perchance the scribes might see them doing that which it is not lawful to do.
οἱ ἱερεῖς ἐξῆλθον ἐκ τῆς πόλεως μήποτε οἱ γραμματεῖς ἴδωσιν αὐτοὺς ποιοῦντας ὃ οὐκ ἔξεστι ποιεῖν.
동사: 2부/능/직//3/복, 2부/능/가//3/복, 현/능/분//남/복/목/서, 비인칭
그 제사장들은, 행하기에 합당하지 않은 일을 그들이 행하고 있을 때에 그 서기관들이 그들을 결코 보지 못하도록, 그 도시 밖으로 나갔다.

14. If anyone stronger than we comes against us we shall not remain in our city.
ἐάν τις ἰσχυρότερος ἡμῶν ἔλθῃ καθ' ἡμῶν οὐ μενοῦμεν ἐν τῇ πόλει ἡμῶν.
동사: 2부/능/가//3/단, 미/능/직//1/복
만일 우리보다 더 강한 누군가가 우리를 대항하여 온다면 우리는 우리 도시에서 머무르지 못할 것이다.

15. Jesus having healed a certain man on the sabbath, the scribes were afraid lest the people should make Him a king.
τοῦ Ἰησοῦ θεραπεύσαντός τινα τῷ σαββάτῳ, οἱ γραμματεῖς ἐφοβήθησαν μὴ ὁ λαὸς ποιήσῃ αὐτὸν βασιλεύς.
동사: 1부/능/분//남/단/소/소독, 부/이[수]/직//3/복, 1부/능/가//3/단
예수께서 안식일에 어떤 사람을 고치신 후, 그 서기관들은 그 백성이 그분을 왕으로 만들까봐 두려워했다.

16. It is better to die in behalf of the brethren than to do what the apostles exhorted us that we should not do.
κρεῖσσον ἀποθανεῖν ὑπὲρ τῶν ἀδελφῶν ἢ ποιῆσαι ἃ οἱ ἀπόστολοι παρεκάλεσαν ἡμᾶς ἵνα μη ποιήσωμεν.
동사: 2부/능/부, 1부/능/부, 1부/능/직//3/복, 1부/능/가//1/복
그 사도들이 우리가 행하지 않도록 권고한 것을 행하는 것보다 그 형제들을 위해 죽는 것이 더 낫다.

31과 δίδωμι 등

1. The woman besought the apostle that he might give her something. But he* answered her nothing.
ἡ γυνὴ παρεκάλεσε τὸν ἀπόστολον ἵνα δῷ τι αὐτῇ. ὁ δὲ ἀπεκρίθη αὐτῇ οὐδέν.
동사: 1부/능/직//3/단, 2부/능/가//3/단, 부/이[수]/직//3/단
그 여자가 그 사도에게 그가 그녀에게 무엇을 주기를 간청했다. 그러나 그는 아무것도 대답하지 않았다.

*이런 경우 영어에서 'he'에 오는 가벼운 강조가 헬라어에서는 'δέ' 앞 관사의 대명사적 용법에 의해 표현됨(Machen, 209).

2. Those who had killed the women said that they had known the king. But he answered and said that he was not willing to give them what they asked.
οἱ ἀποκτείναντες τὰς γυναῖκας εἶπον ὅτι ἐγνώκασι τὸν βασιλέα. ὁ δὲ ἀποκριθεὶς εἶπεν ὅτι οὐ θέλει δοῦναι αὐτοῖς ὃ αἰτοῦσιν.
동사: 1부/능/분//남/복/주/독, 2부/능/직//3/복, 완/능/직//3/복, 부/이[수]/분//남/단/주/서, 2부/능/직//3/단, 현/능/직//3/단, 2부/능/부, 현/능/직//3/복
그 여자들을 죽인 자들이 그 왕을 안다고(알고 있다고) 말했다. 그러나 그는 그들이 요구하는 것을 그들에게 기꺼이 주고 싶지 않다고 대답으로 말했다.

3. If we believe on Him who loved us and gave Himself in behalf of us, we shall have eternal life instead of death.
εἰ πιστεύομεν εἰς τὸν ἀγαπήσαντα ἡμᾶς καὶ δόντα ἑαυτὸν ὑπὲρ ἡμῶν, ἕξομεν ζωὴν αἰώνιον ἀντὶ θανάτου.
동사: 현/능/직//1/복, 1부/능/분//남/단/목/독, 2부/능/분//남/단/목/독, 미/능/직//1/복
만일 우리가 우리를 사랑했고 우리를 위해 자신을 주신 분을 믿는다면, 우리는 죽음 대신 영원한 생명을 가질 것이다.

4. While the apostle was giving to the children the things which they had asked, the women were giving gifts to us.
τοῦ ἀποστόλου διδόντος τοῖς τέκοις ἃ ᾔτησαν, αἱ γυναῖκες ἐδίδοσαν δῶρα ἡμῖν.
동사: 현/능/분//남/단/소/소독, 1부/능/직//3/복, 미완/능/직//3/복
그 사도가 그 아이들에게 그들이 요구한 것들을 주고 있을 때에, 그 여자들은 우리에게 선물들을 주고 있었다.

5. The Lord delivered over the gospel to the apostles, and they delivered it over to the Gentiles.
ὁ κύριος παρέδωκε τὸ εὐαγγέλιον τοῖς ἀποστόλοις, οἱ δὲ παρέδωκαν αὐτὸ τοῖς ἔθνεσι.
동사: 1부/능/직//3/단, 1부/능/직//3/복
주님께서 그 사도들에게 복음을 건네주셨다, 그리고 그들은 그것을 그 이방인들에게 건네주었다.

6. What shall we give back to Him who gave Himself in behalf of us?
   τί ἀποδώσομεν τῷ δόντι ἑαυτὸν ὑπὲρ ἡμῶν;
   동사: 미/능/직//1/복, 2부/능/분//남/단/여/독
   우리를 위해 자신을 주신 분에게 우리가 무엇을 돌려드릴까?

7. Behold He gives us eternal life. Let us therefore do His will.
   ἰδοὺ δίδωσιν ἡμῖν ζωὴν αἰώνιον. ποιήσωμεν οὖν τὸ θέλημα αὐτοῦ.
   동사: 현/능/직//3/단, 1부/능/가//1/복
   보라 그가 우리에게 영원한 생명을 주신다. 그러므로 그분의 뜻을 행하자.

8. What shall anyone give instead of his life?
   τί δώσει τις ἀντὶ τῆς ζωῆς αὐτοῦ;
   동사: 미/능/직//3/단
   어떤 사람이 그의 생명을 대신하여 무엇을 줄 것인가?

9. Whatever we give to Him will not be enough.
   ὅ τι δίδομεν αὐτῷ οὐκ ἔσται ἱκανόν.
   동사: 현/능/직//1/복, 미/직//3/단
   무엇이든지 우리가 그분에게 드리는 것은 충분치 않을 것이다.

10. Whatever thou wishest that men should give to thee, give thou also* to them.
ὅ τι θέλεις ἵνα οἱ ἄνθρωποι δῶσι σοι, δὸς καὶ σὺ αὐτοῖς.
동사: 현/능/직//2/단, 2부/능/가//3/복, 2부/능/명//2/단
무엇이든지 사람들이 너에게 주기를 바라는 것을 너 역시 그들에게 주라.

*헬라어 καί가 영어로 번역될 때 also의 경우 후행, even의 경우 헬라어와 같이 선행(Machen, 71).

11. Let them give thanks to those who delivered over to them the gospel.
εὐχαριστησάτωσαν τοῖς παραδόυσιν αὐτοῖς τὸ εὐαγγέλιον.
동사: 1부/능/명//3/복, 2부/능/분//남/복/여/독
그들은 그들에게 복음을 건네준 자들에게 감사할지어다.

12. They asked the Lord what they should give to Him. And He answered and said to them that to do the will of God is greater than all the gifts.
ἠρώτησαν τὸν κύριον τί δῶσιν αὐτῷ. ο δὲ ἀποκριθεὶς εἶπεν αὐτοῖς ὅτι ποιεῖν τὸ θέλημα τοῦ θεοῦ ἐστι μεῖζον ἢ πάντα τὰ δῶρα.
동사: 1부/능/직//3/복, 2부/능/가//3/복, 부/수/분//남/단/주/서, 2부/능/직//3/단, 현/능/부, 현/직//3/단
그들은 주님께 그들이 그분에게 무엇을 드릴지를 물었다. 그리고 그는 하나님의 뜻을 행하는 것이 모든 선물들보다 더 크다고 그들에게 대답으로 말했다.

13. Those women are giving back to the children the things which they have taken from them, lest the king cast them out of the city.
ἐκεῖναι αἱ γυναῖκες ἀποδιδόασι τοῖς τέκνοις ἃ ἔλαβον ἀπ᾽ αὐτῶν, μὴ ὁ βασιλεῦς ἐκβάλῃ αὐτὰς ἐκ τῆς πόλεως.
동사: 현/능/직//3/복, 2부/능/직//3/복, 2부/능/가//3/단
저 여자들이 그 아이들에게 그들이 그들로부터 취한 것들을 돌려주고 있다, 그 왕이 그들을 그 도시에서 내쫓지 않도록.

14. When the priests had said these things to those who were in the city, the apostle departed.
εἰπόντων τῶν ἱερέων ταῦτα τοῖς ἐν τῇ πόλει ὁ ἀπόστολος ἀπῆλθεν.
동사: 2부/능/분//남/복/소/소독, 2부/능/직//3/단
그 제사장들이 이것들을 그 도시에 있는 자들에게 말한 후에 그 사도는 떠나갔다.

15. What is this? Will He give us His flesh?
τί ἐστι τοῦτο; δώσει ἡμῖν τὴν σάρκα αὐτοῦ;
동사: 현/직//3/단, 미/능/직//3/단
이것이 무엇인가? 그분이 그분의 살을 우리에게 줄 것인가?

16. Whatever He asks I will give. But He gave to me eternal life.
ὅ τι αἰτεῖ δώσω. ὁ δὲ ἔδωκέ μοι ζωὴν αἰώνιον.
동사: 현/능/직//3/단, 미/능/직//1/단, 1부/능/직//3/단
무엇이든지 그분이 구하는 것을 나는 줄 것이다. 그러나 그분은 나에게 영원한 생명을 주셨다.

32과 τίθημι 등

1. This commandment he laid upon them, that they should lay down their lives in behalf of their brethren.
ταύτην τὴν ἐντολὴν ἐπέθηκεν αὐτοῖς ἵνα θῶσι τὰς ψυχὰς αὐτῶν ὑπὲρ τῶν ἀδελφῶν αὐτῶν.
동사: 1부/능/직//3/단, 2부/능/가//3/복
그가 이 계명을 그들에게 부여했으니(얹었으니), 즉 그들은 그들의 형제들을 위하여 그들의 생명들을 내어놓아야 한다는 것이다.

2. If ye forgive those who persecute you, I also will forgive you.
εἰ ἀφίετε τοῖς διώκουσιν ὑμᾶς, κἀγὼ ἀφήσω ὑμῖν.
동사: 현/능/직//2/복, 현/능/분//남/목/여/독, 미/능/직//1/단
만일 너희가 너희를 박해하는 자를 용서하면, 나도 너희를 용서할 것이다.

3. When the men had found him who had done this thing they left him and went away.
εὑρόντες οἱ ἄνδρες τὸν ποιήσαντα τοῦτο ἀφῆκαν αὐτὸν και ὑπήγαγον.
동사: 2부/능/분//남/복/주/서, 1부/능/분//남/단/목/독, 1부/능/직//3/복, 2부/능/직//3/복
그 남자들이 이것을 행한 자를 찾아낸 후 그를 남겨두고 떠나갔다.

4. Having put the body into the tomb he went away.
θεὶς τὸ σῶμα εἰς τὸ μνημεῖον ὑπήγαγεν.
동사: 2부/능/분//남/단/주/서, 2부/능/직//3/단
그 시신을 그 무덤 안으로 둔 후 그는 떠나갔다.

5. We saw those who were laying down their lives in behalf of the children.
εἴδομεν τοὺς τιθέντας τὰς ψυχὰς αὐτῶν ὑπὲρ τῶν τέκνων.
동사: 2부/능/직//1/복, 현/능/분//남/복/목/독
우리는 그 아이들을 위하여 그들의 생명들을 내어놓는 자들을 보았다.

6. The women saw where the body was placed.
αἱ γυναῖκες εἶδον ὅπου τὸ σῶμα ἐτέθη.
동사: 2부/능//직/3/복, 부/수/직//3/단
그 여자들은 그 시신이 어디에 두어졌는지 보았다.

7. We shall question him until he answers us.
ἐπερωτήσομεν αὐτὸν ἕως ἂν ἀποκριθῇ ἡμῖν.
동사: 미/능/직//1/복, 부/이[수]/가//3/단
우리는 그가 우리에게 대답할 때까지 그에게 질문할 것이다.

8. We ought to give thanks to Him who has forgiven us our sins.
ὀφείλομεν εὐχαριστῆσαι τῷ ἀφέντι ἡμῖν τὰς ἁμαρτίας ἡμῶν.
동사: 현/능/직//1/복, 1부/능/부, 2부/능/분//남/단/여/독
우리에게 우리의 죄들을 용서하신 분에게 우리는 감사해야 한다.

9. We did not know Him, but He knew us.
οὐκ ἔγνωμεν αὐτόν, ὁ δὲ ἔγνω ἡμᾶς.
동사: 2부/능/직//1/복, 2부/능/직//3/단
우리는 그분을 알지 못했다, 그러나 그는 우리를 알았다.

10. Give me the body in order that I may place it in a tomb.
δός μοι τὸ σῶμα ὅπως θῶ αυτὸ ἐν μνημεῖῳ.
동사: 2부/능/명//2/단, 2부/능/가//1/단
내가 그것[시신]을 무덤에 두도록 나에게 그 시신을 주시오.

11. He showed all things to you, in order that you might place them in your hearts.
ἔδειξε πάντα ὑμῖν ὅπου θῆτε αὐτὰ ἐν ταῖς καρδίαις ὑμῶν.
동사: 1부/능/직//3/단, 2부/능/가//2/복
그가 모든 것들을 너희에게 보여준 것은 너희가 그것들을 너희 마음들 속에 두게 하기 위함었이다.

12. The apostle answered and said to those who were questioning him that he would not put these gifts into the temple.
ἀποκριθεὶς εἶπεν ὁ ἀπόστολος τοῖς ἐπερωτῶσιν αὐτὸν ὅτι οὐ θήσει ταῦτα τὰ δῶρα εἰς τὸ ἱερόν.
동사: 부/이[수]/분//남/단/주/서, 2부/능/직//3/단, 현/능/분//남/복/여/독, 미/능/직//3/단
그 사도는 그에게 묻고 있는 자들에게 그가 이 선물들을 그 성전 안으로 두지 않을 것이라고 대답으로 말했다.

13. After we had seen the sign which Jesus had shown to us, we believed on Him.
ἰδόντες τὸ σημεῖον ὃ ἔδειξεν ὁ Ἰησοῦς ἡμῖν, ἐπιστεύσαμεν εἰς αὐτόν.
동사: 2부/능/분//남/복/주/독, 1부/능/직//3/단, 1부/능/직//1/복
예수께서 우리에게 보여주신 표적을 우리가 본 후에, 우리는 그분을 믿었다.

33과 ἵστημι 등

1. He forgave those who had risen up against their king.
   ἀφῆκε τοῖς ἀναστᾶσι ἐπὶ τὸν βασιλέα αὐτῶν.
   동사: 1부/능/직//3/단, 2부/능/분//남/복/여,독
   그는 그들의 왕을 대적하여 일어난 자들을 용서했다.

2. We know that those who are sitting in the house will not go out until they see the apostle.
   οἴδαμεν ὅτι οἱ καθήμενοι ἐν τῷ οἴκῳ οὐκ ἐξελεύσονται ἕως ἂν ἴδωσι τὸν ἀπόστολον.
   동사: 완/능/직//1/복, 현/이/분//남/복/주/독, 미/이/직//3/복, 2부/능/가//3/복
   그 집 안에 앉아 있는 자들은 그들이 그 사도를 볼 때까지 나가지 않을 것이라는 것을 우리가 안다.

3. When Jesus had gone down from the mountain, the disciples saw the man sitting in the house.
   κατελθόντος τοῦ Ἰησοῦ ἀπὸ τοῦ ὄρους, εἶδον οἱ μαθηταὶ τὸν ἄνθρωπον καθήμενον ἐν τῷ οἴκῳ.
   동사: 2부/능/분//남/단/소/소독, 2부/능/직//3/복, 현/이/분//남/단/목/서
   예수께서 그 산으로부터 내려가신 후, 그 제자들은 그 사람이 그 집 안에 앉아 있을 때에 그를 보았다.

4. We saw the apostles standing in the presence of the chief priests.
εἴδομεν τοὺς ἀποστόλους ἑστηκότας ἐνώπιον τῶν ἀρχιερέων.
동사: 2부/능/직//1/복, 완/능/분//남/복/목/서
우리는 그 사도들이 그 대제사장들 앞에 서있을 때에 그들(사도들)을 보았다.

5. When the women had arrived in the city they saw Jesus doing many miracles.
παραγενόμεναι αἱ γυναῖκες εἰς τὴν πόλιν εἶδον τὸν Ἰησοῦν ποιοῦντα πολλὰς δυνάμεις.
동사: 2부/이/분//여/복/주/서, 2부/능/직//3/복, 현/능/분//남/단/목/서
그 여자들이 그 도시에 도착한 후에 예수를 보았는데 그분은 많은 기적을 행하고 계셨다.

6. In those days there rose up a certain king who did not know us.
ἐν ἐκείναις ταῖς ἡμέραις ἐγένετό τις βασιλεὺς ὃς οὐκ ἔγνω ἡμᾶς.
동사: 2부/이/직//3/단, 2부/능/직//3/단
저 날들에 우리를 알지 못하는 어떤 왕이 일어났다.

7. Thou hast manifested Thyself to those who are sitting in darkness.
ἐφανέρωσας σεαυτὸν τοῖς καθημένοις ἐν σκότει.
동사: 1부/능/직//2/단, 현/이/분//남/복/여/독
당신은 당신 자신을 어둠 속에 앉아 있는 자들에게 나타냈다.

8. When he had seen these things he did not know what he was saying.
ἰδὼν ταῦτα οὐκ ᾔδει ὃ ἔλεγεν.
동사: 2부/능/분//남/단/주/서, 과완/능/직//3/단, 미완/능/직//3/단
그가 이것들을 본 후 그는 무엇을 말하고 있는지를 알지 못하고 있었다.

9. We are not able to know all these things unless the Lord manifests them to us.
οὐ δυνάμεθα εἰδέναι πάντα ταῦτα ἐὰν μὴ ὁ κύριος φανεροῖ ἡμῖν αὐτά.
동사: 현/이/직//1/복, 완/능/부, 현/능/가//3/단
우리는 이 모든 것들을, 주님께서 그것들을 우리에게 나타내지 않으면, 알 수 없다.

10. We have found the One who is able to take away our sins.
εὕρομεν τὸν δυνάμενον ἆραι τὰς ἁμαρτίας ἡμῶν.
동사: 2부/능/직//1/복, 현/이/분//남/단/목/독, 1부/능/부
우리는 우리의 죄들을 치워버릴 수 있는 분을 찾았다.

11. We know that no one is able to do what the king does.
οἴδαμεν ὅτι οὐδεὶς δύναται ποιῆσαι ὃ ποιεῖ ὁ βασιλεύς.
동사: 완/능/직/1/복, 현/이/직/3/단, 1부/능/부, 현/능/직/3/단
우리는 그 왕이 하는 것을 아무도 할 수 없다는 것을 안다.

헬-한 어휘집

ἀγαθός, ή, όν, 선한

ἀγαπάω, ἀγαπήσω, ἠγάπησα, ἠγάπηκα, ἠγάπημαι, ἠγαπήθην, 사랑하다

ἀγάπη, ἡ, 사랑

ἄγγελος, ὁ, 천사, 사자

ἁγιάζω, (ἁγιάσω), ἡγίασα, (ἡγίακα), ἡγίασμαι, ἡγιάσθην, 거룩히 여기다

ἅγιος, α, ον, 거룩한

ἀγρός, ὁ, 밭

ἄγω, ἄξω, ἤγαγον, (ἦχα), ἦγμαι, ἤχθην, 인도하다

ἀδελφός, ὁ, 형제

αἷμα, αἵματος, τό, 피

αἴρω, ἀρῶ, ἦρα, ἦρκα, ἦρμαι, ἤρθην, 들어올리다, 치워버리다

αἰτέω, αἰτήσω, ᾔτησα, ᾔτηκα, (ᾔτημαι), ᾐτήθην, 요청하다

αἰών, αἰῶνος, ὁ, 세대

αἰώνιος, ον, 영원한

ἀκήκοα, ἀκούω의 제2완료

ἀκολουθέω, ἀκολουθήσω, ἠκολούθησα, ἠκολούθηκα, 따르다(여격을 취함)

ἀκούω, ἀκούσω, ἤκουσα, ἀκήκοα, (ἤκουσμαι), ἠκούσθην, 듣다(소유격이나 목적격을 취함)

ἀλήθεια, ἡ, 진실

ἀληθής, ές, 진실한

ἀλλά, 접, 그러나(δέ보다 강한 역접)

ἀλλήλων, οις, ους, 상호대명사, 서로의

ἄλλος, η, ο, 다른

ἁμαρτάνω, ἁμαρτήσω, ἡμάρτησα 또는 ἥμαρτον, ἡμάρτηκα, (ἡμάρτημαι), (ἡμαρτήθην), 죄짓다

ἁμαρτία, ἡ, 죄

ἁμαρτωλός, ὁ, 죄인

ἄν, 독자적으로 해석되지 않는 성분

ἀναβαίνω, 올라가다

ἀναβλέπω, 쳐다보다, 시력을 회복하다

ἀναλαμβάνω, 들어 올리다

ἀνεῳχθῆναι, ἀνοίγω의 부정과거 수동태 부정사

ἀνήρ, ἀνδρός, ὁ, 남자

ἄνθρωπος, ὁ, 사람

ἀνίστημι, 타동사, 일어나게 하다(현재, 미래, 제1부정과거 능동태에서); 자동사, 일어나다(제2부정과거, 완료 능동태에서; 중간태에서)

ἀνοίγω, ἀνοίξω, ἀνέῳξα 또는 ἤνοιξα 또는 ἠνέῳξα, ἀνέῳγα, ἀνέῳγμαι 또는 ἠνέῳγμαι 또는 ἤνοιγμαι, ἀνεῴχθην 또는 ἠνοίχθην 또는 ἠνεῴχθην 열다

ἀντί, +소, 대신

ἀπέθανον, ἀποθνήσκω의 제2부정과거

ἀπέρχομαι, dep. 떠나가다

ἀπέστειλα, ἀποστέλλω의 부정과거

ἀπό, +소, 로부터

ἀποδίδωμι, 돌려주다, 갚다

ἀποθνήσκω, ἀποθανοῦμαι, ἀπέθανον, 죽다

ἀποκρίνομαι, (ἀποκρινοῦμαι), ἀπεκρινάμην, (ἀποκέκριμαι), ἀπεκρίθην, dep. 대답하다(여격을 취함)

ἀποκτείνω, ἀποκτενῶ, ἀπέκτεινα, -, -, ἀπεκτάνθην, 죽이다

ἀποκτενῶ, ἀπέκτεινα, 죽이다(ἀποκτείνω)의 미래, 부정과거

ἀπόλλυμι 또는 ἀπολλύω, ἀπολέσω 또는 ἀπολῶ, ἀπώλεσα, ἀπόλωλα, 제2부정과거 중간태 ἀπωλόμην, 파괴하다, 중간태, 멸망하다

ἀπολύω, ἀπολύσω, ἀπέλυσα, 놓아주다

ἀποστέλλω, ἀποστελῶ, ἀπέστειλα, ἀπέσταλκα, ἀπέσταλμαι, ἀπεστάλην, 보내다(사명과 함께)

ἀπόστολος, ὁ, 사도

ἄρτος, ὁ, 떡 조각, 양식, 빵

ἀρχή, ἡ, 처음

ἀρχιερεύς, ἀρχιερέως, ὁ, 대제사장

ἄρχω, ἄρξω, ἦρξα, 다스리다(소유격을 취함), 중간태는 시작하다

ἄρχων, ἄρχοντος, ὁ, 통치자

ἀρῶ, αἴρω의 미래

αὐτός, ή, ό, 대, 그, 그 여자, 그것

ἀφίημι, ἀφήσω, ἀφῆκα, ἀφεῖκα, ἀφεῖμαι, (ἀφείθην), 허용하다, 용서하다(직접목적어는 목적격, 간접목적어는 여격)

βαίνω, βήσομαι, ἔβην, βέβηκα, 가다(신약에서는 합성동사 형태로만 나타남)

βάλλω, βαλῶ, ἔβαλον, βέβληκα, βέβλημαι, ἐβλήθην, 던지다

βαπτίζω, βαπτίσω, ἐβάπτισα, (βεβάπτικα), βεβάπτισμαι, ἐβαπτίσθην, 세례주다

βασιλεία, ἡ, 왕국

βασιλεύς, βασιλέως, ὁ, 왕

βήσομαι, βαίνω의 미래

βιβλίον, τό, 책

βλέπω, βλέψω, ἔβλεψα, 보다(현재와 미완료 이외의 시상에서는 보통 ὁράω가 사용됨)

Γαλιλαία, ἡ, 갈릴리

γάρ, 접, 후치사, 왜냐하면

γέγονα, γίνομαι의 제2완료

γενήσομαι, γίνομαι의 미래

γεννάω, γεννήσω, ἐγέννησα, γεγέννηκα, γεγέννημαι, ἐγεννήθην, 낳다

γένος, γένους, τό, 종족

γῆ, ἡ, 땅

γίνομαι, γενήσομαι, ἐγενόμην, γέγονα, γεγένημαι, ἐγενήθην, dep. 되다, 만들어지다, 역사에 나타나다; γίνεται, 그것이 일어난다

γινώσκω, γνώσομαι, ἔγνων, ἔγνωκα, ἔγνωσμαι, ἐγνώσθην, 알다

γνώσομαι, γινώσκω의 미래

γράμμα, γράμματος, τό, 글자

γραμματεύς, γραμματέως, ὁ, 서기관

γραφή, ἡ, 서물; οἱ γραφαί, 성경

γράφω, γράψω, ἔγραψα, γέγραφα, γέγραμμαι, ἐγράφην, 쓰다

γύνη, γυναικός, ἡ, 여자

δαιμόνιον, τό, 귀신

δέ, 접, 그러나, 그리고

δεῖ, 비인칭 동사, 필요하다

δείκνυμι 또는 δεικνύω, δείξω, ἔδειξα, (δέδειχα), δέδειγμαι, ἐδείχθην, 보여주다

δέχομαι, δέξομαι, ἐδεξάμην, δέδεγμαι, ἐδέχθην, dep. 받다

δηλόω, δηλώσω, ἐδήλωσα, (δεδήλωκα), (δεδήλωμαι), ἐδηλώθην, 나타내다, 보여주다

διά, +소, 통하여; +목, 때문에

διδάσκαλος, ὁ, 선생

διδάσκω, διδάξω, ἐδίδαξα, (δεδίδαχα), (δεδίδαγμαι), ἐδιδάχθην, 가르치다

δίδωμι, δώσω, ἔδωκα, δέδωκα, δέδομαι, ἐδόθην, 주다

διέρχομαι, dep. 통과하다

δίκαιος, α, ον, 의로운

δικαιοσύνη, ἡ, 의

διώκω, διώξω, ἐδίωξα, δεδίωκα, δεδίωγμαι, ἐδιώχθην, 추적하다, 박해하다

δοκέω, (δόξω), ἔδοξα, ~처럼 보이다, 생각하다

δόξα, ἡ, 영광

δοξάζω, δοξάσω, ἐδόξασα, (δεδόξακα), δεδόξασμαι, ἐδοξάσθην, 영화롭게 하다

δοῦλος, ὁ, 종, 노예

δύναμαι, δυνήσομαι, (δεδύνημαι), ἠδυνήθην 또는 ἠδυνάσθην, 미완료 ἐδυνάμην 또는 ἠδυνάμην, dep. 할 수 있다

δύναμις, δυνάμεως, ἡ, 힘, 기적

δύο, 여격 δυσί(ν), 둘

δῶρον, τό, 선물

ἐάν, 가정법과 함께 조건절을 이끄는 성분, 만일; ἐὰν μή, 제외하고는

ἐάν, ἄν과 같이 종종 가정법과 함께 사용됨

ἑαυτοῦ, ῆς, οῦ, 재귀대명사, 그 자신의

ἔβαλον, βάλλω의 제2부정과거

ἐβλήθην, βάλλω의 부정과거 수동태

ἐγγίζω, ἐγγιῶ 또는 ἐγγίσω, ἤγγισα, ἤγγικα, 가까이 오다

ἐγγύς, 부, 가까이

ἐγείρω, ἐγερῶ, ἤγειρα, -, ἐγήγερμαι, ἠγέρθην, 일으키다; 종종 수동태로 dep. 일어나다

ἐγενήθην, γίνομαι의 부정과거 수동태형 dep.

ἐγενόμην, γίνομαι의 제2부정과거

ἔγνωκα, γινώσκω의 완료

ἔγνων, γινώσκω의 제2부정과거

ἐγνώσθην, γινώσκω의 부정과거 수동태

ἐγώ, ἐμοῦ 또는 μου, 대, 나

ἐδιδάχθην, διδάσκω의 부정과거 수동태

ἔθνος, ἔθνους, τό, 민족, 복수, 이방인들

εἰ, 접, 만일, 인지 아닌지; εἰ μή, 제외하고는

εἶδον, ὁράω의 제2부정과거

εἰμί, 이다, 있다

εἶπον, λέγω의 제2부정과거(종종 φημί의 제2부정과거로 간주됨)

εἰρήνη, ἡ, 평화

εἰς, +목, 안으로

εἷς, μία, ἕν, 하나

εἰσέρχομαι, dep. 들어가다

ἐκ, +소, 밖으로(모음 앞에서는 ἐξ)

ἐκβάλλω, 내던지다, 쫓아내다

ἐκεῖ, 부, 거기에

ἐκεῖνος, η, ο, 저

ἐκηρύχθην, κηρύσσω의 부정과거 수동태

ἐκκλησία, ἡ, 교회

ἐκπορεύομαι, dep. 나가다

ἔλαβον, λαμβάνω의 제2부정과거

ἐλεέω, ἐλεήσω, ἠλέησα, (ἠλέηκα), ἠλέημαι, ἠλεήθην, 불쌍히 여기다

ἐλεύσομαι, ἔρχομαι의 미래

ἐλήλυθα, ἔρχομαι의 제2완료

ἐλήμφθην, λαμβάνω의 부정과거 수동태

ἐλπίζω, ἐλπιῶ, ἤλπισα, ἤλπικα, 바라다

ἐλπίς, ἐλπίδος, ἡ, 소망

ἐμαυτοῦ, ῆς, 재귀대명사, 나 자신의

ἔμεινα, μένω의 부정과거

ἐμός, ή, όν, 소유형용사, 나에게 속한 나의

ἔμπροσθεν, 부, +소, 앞에, 면전에서

ἐν, +여, 안에

ἐντολή, ἡ, 계명

ἐνώπιον, 부, +소, 앞에서, 면전에서

ἐξ, 모음 앞에서 ἐκ 대신 사용하는 형태

ἕξ, 불변 수사, 여섯

ἐξέρχομαι, dep. 나가다, 나오다

ἔξεστι(ν), 비인칭 동사, 합당하다

ἐξουσία, ἡ, 권세

ἔξω, 부, +소, 밖에

ἕξω, ἔχω의 미래

ἑόρακα 또는 ἑώρακα, ὁράω의 완료

ἐπαγγελία, ἡ, 약속

ἔπεσον, πίπτω의 제2부정과거

ἐπερωτάω, 묻다

ἐπί, +소, 위에, 때에; +여, 위에, 기초하여; +목, 위에, 대항하여

ἐπιστρέφω, ἐπιστρέψω, ἐπέστρεψα, (ἐπέστροφα), ἐπέστραμμαι, ἐπεστράφην, 돌아서다, 돌이키다

ἐπιτίθημι, 얹다(직접목적어는 목적격, 간접목적어는 여격)

ἔργον, τό, 일

ἔρημος, ἡ, 광야

ἐρρέθην 또는 ἐρρήθην, λέγω(또는 φημί)의 부정과거 수동태

ἔρχομαι, ἐλεύσομαι, ἦλθον, ἐλήλυθα, dep. 오다, 가다

ἐρῶ, λέγω의 미래(종종 φημί의 미래로도 간주됨)

ἐρωτάω, ἐρωτήσω, ἠρώτησα, (ἠρώτηκα), (ἠρώτημαι), ἠρωτήθην, 묻다, 요청하다(원래는 묻다이지만 신약에서 요청하다로도 사용됨)

ἐσθίω, φάγομαι, ἔφαγον, 먹다

ἔσομαι, εἰμί의 미래

ἔσχατος, η, ον, 마지막의

ἔσχον, ἔχω의 제2부정과거

ἕτερος, α, ον, 다른

ἔτι, 부, 여전히, 아직

ἑτοιμάζω, ἑτοιμάσω, ἡτοίμασα, ἡτοίμακα, ἡτοίμασμαι, ἡτοιμάσθην, 준비하다

ἔτος, ἔτους, τό, 해

ευ-로 시작하는 동사는 접두모음이 붙을 경우 ηυ-로 길어질 때도 있고 그렇지 않을 때도 있다.

εὐαγγελίζω, (εὐαγγελίσω), εὐηγγέλισα, (εὐηγγέλικα), εὐηγγέλισμαι, εὐηγγελίσθην, 종종 dep. 복음전하다(직접목적어는 목적격, 간접목적어는 목적격 또는 여격 취함)

εὐαγγέλιον, τό, 복음

εὐθέως, 부, 즉시

εὐθύς, 부, 즉시

εὐλογέω, εὐλογήσω, εὐλόγησα, εὐλόγηκα, εὐλόγημαι, εὐλογηθην, 축복하다

εὑρίσκω, εὑρήσω, εὗρον, εὕρηκα, (εὕρημαι), εὑρέθην, 찾다

εὐχαριστέω, εὐχαριστήσω, εὐχαρίστησα, (εὐχαρίστηκα), (εὐχαρίστημαι), εὐχαριστήθην, 감사하다

ἔφαγον, ἐσθίω의 제2부정과거

ἔφη, φημί의 미완료 능동태 직설법 단수 3인칭

ἐχθρός, ὁ, 적

ἔχω, ἕξω, ἔσχον, ἔσχηκα, 미완료 εἶχον, 가지다

ἑώρακα 또는 ἑόρακα, ὁράω의 완료

ἕως, 부, +소, 까지; 접, 동안에, ~때까지

ζάω, ζήσω 또는 ζήσομαι, ἔζησα, 살다

ζητέω, ζητήσω, ἐζήτησα, 구하다
ζωή, ἡ, 생명

ἤ, 접, 보다, 또는
ἤγαγον, ἄγω의 제2부정과거
ἠγέρθην, ἐγείρω의 부정과거 수동태
ἤδη, 부, 이미
ἤθελον, θέλω의 미완료 직설법
ἦλθον, ἔρχομαι의 제2부정과거
ἡμέρα, ἡ, 날
ἡμέτερος, α, ον, 소유형용사, 우리에게 속한, 우리의
ἤνεγκα 또는 ἤνογκον, φέρω의 부정과거
ἠνέχθην, φέρω의 부정과거 수동태
ἦρα, αἴρω의 부정과거

θάλασσα, ἡ, 호수, 바다
θάνατος, ὁ, 죽음
θαυμάζω, θαυμάσω, ἐθαύμασα, (τεθαύμακα), -, ἐθαυμάσθην, 놀라다
θέλημα, θελήματος, τό, 뜻
θέλω, θελήσω, ἠθέλησα, 미완료 ἤθελον, 원하다
θεός, ὁ, 신, 하나님
θεραπεύω, θεραπεύσω, ἐθεράπευσα, (τεθεράπευκα), τεθεράπευμαι, ἐθεραπεύθην, 고치다
θεωρέω, θεωρήσω, ἐθεώρησα, 바라보다

θνήσκω, 죽다(완료 τέθνηκα와 과거완료에서만 사용됨)

Ἰάκωβος, ὁ, 야고보

ἴδιος, α, ον, 자신에게 속한, 자신의

ἰδού, 불변화사, 보라

ἰδών, ἰδοῦσα, ἰδόν, ὁράω의 제2부정과거 능동태 분사

ἱερεύς, ἱερέως, ὁ, 제사장

ἱερόν, τό, 성전(ναός와 비교)

Ἰησοῦς, -οῦ, ὁ, 예수

ἱκανός, ή, όν, 충분한, 상당한

ἱμάτιον, τό, 겉옷

ἵνα, 접+가정법, ~하기 위하여

Ἰουδαῖος, ὁ, 유대인

ἵστημι, στήσω, ἔστησα, 제2부정과거 ἔστην, ἕστηκα, (ἕσταμαι), ἐστάθην, 세우다(현재, 미완료, 미래, 제1부정과거에서와 능동태에서); 자동사, 서다(제2부정과거와 완료에서)

ἰσχυρότερος, α, ον, 더 강한(ἰσχυρός, ά, όν, 강한의 비교급)

κἀγω = καὶ ἐγω

καθαρός, ά, όν, 깨끗한, 순수한

κάθημαι, dep. 앉다

καθώς, 부, 처럼

καί, 접, 그리고, 역시, 조차; καί . . καί, ~도 ~도 다

καιρός, ὁ, 때, 정해진 시각

κακός, ή, όν, 나쁜
καλέω, καλέσω, ἐκάλεσα, κέκληκα, κέκλημαι, ἐκλήθην,
부르다
καλός, ή, όν, 좋은, 아름다운
καλῶς, 부, 잘
καρδία, ἡ, 마음
καρπός, ὁ, 열매
κατά, +소, 아래로, 대항하여; +목, 따른, 의한
καταβαίνω, 내려가다
κατέρχομαι, 내려오다, 내려가다
κελεύω, (κελεύσω), ἐκέλευσα, 명령하다
κηρύσσω, κηρύξω, ἐκήρυξα, (κεκήρυχα), (κεκήρυγμαι),
ἐκηρύχθην, 선포하다, 설교하다
κόσμος, ὁ, 세상
κρείσσων, ον, 더 좋은(ἀγαθός의 비교급)
κρίνω, κρινῶ, ἔκρινα, κέκρικα, κέκριμαι, ἐκρίθην, 심판하다
κρίσις, κρίσεως, ἡ, 심판
κύριος, ὁ, 주인, 주님
κώμη, ἡ, 마을

λαλέω, λαλήσω, ἐλάλησα, λελάληκα, λελάλημαι, ἐλαλήθην,
이야기하다
λαμβάνω, λήμψομαι, ἔλαβον, εἴληφα, εἴλημμαι, ἐλήμφθην,
취하다
λαός, ὁ, 백성

λέγω, ἐρῶ, εἶπον, εἴρηκα, εἴρημαι, ἐρρέθην 또는 ἐρρήθην, 말하다

λείπω, λείψω, ἔλιπον, (λέλοιπα), λέλειμμαι, ἐλείφθην, 떠나다

λήμψομαι, λαμβάνω의 미래

λίθος, ὁ, 돌

λόγος, ὁ, 말씀

λοιπός, ή, όν, 남은; οἱ λοιποί, 남은 자들

λύω, λύσω, ἔλυσα, λέλυκα, λέλυμαι, ἐλύθην, 풀다, 파괴하다, 어기다

μαθητής, ὁ, 제자

μακάριος, α, ον, 복된

μᾶλλον, 부, 더욱

μαρτυρέω, μαρτυρήσω, ἐμαρτύρησα, μεμαρτύρηκα, μεμαρτύρημαι, ἐμαρτυρήθην, 증거하다

μαρτυρία, ἡ, 증거, 증인

μέγας, μεγάλη, μέγα, 큰

μείζων, ον, 더 큰(μέγας의 비교급)

μέλλω, μελλήσω, 미완료 ἤμελλον 또는 ἔμελλον, ~하려고 하다

μέν . . . δέ, 한편 . . . 또 한편(μέν은 해석하지 말고, δέ를 그러나로 해석하면 됨)

μένω, μενῶ, ἔμεινα, μεμένηκα, 머물다

μετά, +소, 함께; +목, 후에

μετανοέω, μετανοήσω, μετενόησα, 회개하다

μή, 부정 부사, 아니(직설법 이외의 법에서 사용됨)

μή, 접, 하지 않도록(가정법과 함께)

μηδέ, 접, 그리고 아니, 역시 아니, 조차 아니; μηδέ . . . μηδέ, ~도 ~도 둘 다 아니

μηδείς, μηδεμία, μηδέν, 아무(것)도 아니

μηκέτι, 더 이상 아니

μήποτε, 결코 ~않도록(가정법과 함께)

μήτηρ, μητρός, ἡ, 어머니

μικρός, ά, όν, 작은

μνημεῖον, τό, 무덤

μόνον, 부, 단지, 오직

μόνος, η, ον, 홀로, 유일한

μυστήριον, τό, 신비, 비밀

ναός, ὁ, 성전(성전 건물 그 자체. 성역을 뜻하는 ἱερόν과는 구별됨)

νεκρός, ά, όν, 죽은

νόμος, ὁ, 율법

νῦν, 부, 지금

νύξ, νυκτός, ἡ, 밤

ὁ, ἡ, τό, 관사, 그

ὁδός, ἡ, 길

οἶδα, 현재로 사용되는 제2완료, 알다
οἰκία, ἡ, 집
οἶκος, ὁ, 집
ὀλίγος, η, ον, 작은, 적은
ὅλος, η, ον, 전체의, 모든
ὅμοιος, α, ον, ~같은, 비슷한
ὄνομα, ὀνόματος, τό, 이름
ὅπου, 관계부사, 곳에서
ὅπως, 하기 위하여(가정법과 함께)
ὁράω, ὄψομαι, εἶδον, ἑώρακα 또는 ἑόρακα, (ὦμμαι), ὤφθην, 제2부정과거 분사 ἰδών, 보다(현재에서는 βλέπω가 주로 사용됨)
ὄρος, ὄρους, τό, 산
ὅς, ἥ, ὅν, 관계대명사, ~한 사람, 여자, 것
ὅσος, η, ον, 관계형용사, 만큼 큰, 많은
ὅστις, ἥτις, ὅτι, 부정관계대명사, 누구든지, 무엇이든지
ὅταν, 언제든지(가정법과 함께)
ὅτε, 관계부사, 때에
ὅτι, 접, ~한 바를, 왜냐하면
οὐ(모음 앞에서는 οὐκ, 강한 숨표 앞에서는 οὐχ), 부, 아니
οὐδέ, 접, 그리고 아니, 역시 아니, 조차 아니; οὐδέ . . . οὐδέ, ~도 ~도 다 아니
οὐδείς, οὐδεμία, οὐδέν, 아무(것)드 아니

οὐκ, 약한 숨표를 가진 모음이나 이중모음 앞에서 οὐ 대신 사용하는 형태
οὐκέτι, 부, 더 이상 아니
οὖν, 접, 후치사, 따라서, 그러므로
οὔπω, 부, 아직 아니
οὐρανός, ὁ, 하늘
οὖς, ὠτός, τό, 귀
οὔτε, 그리고 아니, ~도 아니; οὔτε . . . οὔτε, ~도 ~도 둘 다 아니
οὗτος, αὕτη, τοῦτο, 지시대명사, 이
οὕτως, 부, 이렇게
οὐχ, 강한 숨표를 가진 모음이나 이중모음 앞에서 οὐ 대신 사용하는 형태
ὀφείλω, 빚지다, ~해야한다
ὀφθαλμός, ὁ, 눈
ὄχλος, ὁ, 무리
ὄψομαι, ὁράω의 미래

παιδίον, τό, 아기
πάλιν, 부, 다시
παρά, +소, ~로부터; +여, 옆에, 면전에서; +목, ~와 나란히, ~가에
παραβολή, ἡ, 비유
παραγίνομαι, 가까워지다, 도착하다, 오다

παραδίδωμι, 건네주다

παρακαλέω, 권하다, 위로하다

παραλαμβάνω, 넘겨받다, 데려가다

πᾶς, πᾶσα, πᾶν, 모든

πάσχω, (πείσομαι), ἔπαθον, πέπονθα, 고난당하다

πατήρ, πατρός, ὁ, 아버지

πείθω, πείσω, ἔπεισα, πέποιθα, πέπεισμαι, ἐπείσθην, 설득하다

πειράζω, (πειράσω), ἐπείρασα, (πεπείρακα), πεπείρασμαι, ἐπειράσθην, 시험하다

πέμπω, πέμψω, ἔπεμψα, (πέποιμφα), (πέπεμμαι), ἐπέμφθην, 보내다

πεντακισχίλιοι, αι, α, 오천

πέντε, 불변화사, 다섯

περί, +소, 관하여; +목, 둘레에

περιπατέω, περιπατήσω, περιεπάτησα, περιπεπάτηκα, 걷다

Πέτρος, ὁ, 베드로

πίνω, πίομαι, ἔπιον, πέπωκα, (πέπομαι), ἐπόθην, 마시다

πίπτω, πεσοῦμαι, ἔπεσον 또는 ἔπεσα, πέπτωκα, 떨어지다

πιστεύω, πιστεύσω, ἐπίστευσα, πεπίστευκα, πεπίστευμαι, ἐπιστευθην, 믿다(여격을 취함); πιστεύω εἰς +목, 신앙하다

πίστις, πίστεως, ἡ, 믿음

πιστός, ή, όν, 신실한

πλείων, ον, 더 많은(πόλυς의 비교급)

πλῆθος, πλήθους, τό, 무리

πλήρης, ες, 충만한

πληρόω, πληρώσω, ἐπλήρωσα, πεπλήρωκα, πεπλήρωμαι, ἐπληρώθην, 충만케 하다

πλοῖον, τό, 배

πνεῦμα, πνεύματος, τό, 영, 성령

ποιέω, ποιήσω, ἐποίησα, πεποίηκα, πεποίημαι, (ἐποιήθην), 행하다, 만들다

ποῖος, α, ον, 의문대명사, 어떤 종류의

πόλις, πόλεως, ἡ, 도시

πολύς, πολλή, πολύ, 많은

πονηρός, ά, όν, 악한

πορεύομαι, πορεύσομαι, ἐπορευσάμην, πεπόρευμαι, ἐπορεύθην, dep. 보통 수동 형태, 가다

πότε, 의문부사, 언제

ποτέ, 후접어, 언젠가; μήποτε, 결코 ~않도록

ποῦ, 의문부사, 어디에

πούς, ποδός, ὁ, 발

πρό, +소, 앞에

πρός, +목, 에게로

προσέρχομαι, dep. ~에게로 오다, 가다(여격을 취함)

προσεύχομαι, προσεύξομαι, προσηυξάμην, 기도하다

προσκυνέω, προσκυνήσω, προσεκύνησα, 예배하다(보통 여격을 취하나, 가끔 목적격을 취함)

προσφέρω, ~에게(여격) ~를(목적격) 데려가다

πρόσωπον, τό, 얼굴, 안색
προφήτης, ὁ, 선지자
πρῶτος, η, ον, 처음의
πῦρ, πυρός, τό, 불
πῶς, 의문부사, 어떻게

ῥηθείς, ῥηθεῖσα, ῥηθέν, λέγω(φημί)의 부정과거 수동태 분사
ῥῆμα, ῥήματος, τό, 말씀

σάββατον, τό, (복수 σάββατα, σαββάτων, σάββασι(ν)가 종종 단수 의미로 사용됨) 안식일
σάρξ, σαρκός, ἡ, 살
σεαυτοῦ, ῆς, 재귀대명사, 너 자신으
σημεῖον, τό, 표적
Σίμων, Σίμωνος, ὁ, 시몬
σκότος, σκότους, τό, 어두움
σός, ή, όν, 소유형용사, 너에게 속한, 너의
σοφία, ἡ, 지혜
σπείρω, (σπερῶ), ἔσπειρα, -, ἔσπαρμαι, ἐσπάρην, (씨)뿌리다
στάδιον, τό; 복수 τὰ στάδια 또는 οἱ στάδιοι, 스타디온
σταυρόω, σταυρώσω, ἐσταύρωσα, (ἐσταύρωκα), ἐσταύρωμαι, ἐσταυρώθην, 십자가에 달다
στόμα, στόματος, τό, 입

στρατιώτης, ου, ὁ, 군인

σύ, σοῦ, 대명사, 너

σύν, +여, 함께

συνάγω, 모으다

συναγωγή, ἡ, 회당

συνέρχομαι, dep. 함께 오다, 함께 가다

σχῶ, ἔχω의 제2부정과거 가정법

σώζω, σώσω, ἔσωσα, σέσωκα, σέσω(σ)μαι, ἐσώθην, 구원하다

σῶμα, σώματος, τό, 몸

σωτηρία, ἡ, 구원

τέθνηκα, θνήσκω의 완료

τέκνον, τό, 아이

τέσσαρες, τέσσαρα, 넷

τηρέω, τηρήσω, ἐτήρησα, τετήρηκα, τετήρημαι, ἐτηρήθην, 지키다

τίθημι, θήσω, ἔθηκα, τέθεικα, τέθειμαι, ἐτέθην, 놓다

τιμάω, τιμήσω, ἐτίμησα, (τετίμηκα), τετίμημαι, (ἐτιμήθην), 존경하다

τίς, τί, 의문대명사, 누구 무엇

τις, τι, 부정대명사, 누군가, 무엇인가

τόπος, ὁ, 장소

τότε, 부, 그때에

τρεῖς, τρία, 셋

τυφλός, ὁ, 소경

ὕδωρ, ὕδατος, τό, 물

υἱός, ὁ, 아들

ὑμέτερος, α, ον, 소유형용사, 너희에게 속한, 너희의

ὑπάγω, 떠나가다

ὑπέρ, +소, 위하여, 대신하여; +목, 위쪽에

ὑπό, +소, -에 의하여; +목, 아래에

ὑποστρέφω, ὑποστρέψω, ὑπέστρεψα, 돌이키다

φανερόω, φανηρώσω, ἐφανέρωσα, (πεφανέρωκα), πεφανέρωμαι, ἐφανερώθην, 나타내다

Φαρισαῖος, ὁ, 바리새인

φέρω, οἴσω, ἤνεγκα 또는 ἤνεγκον, ἐνήνοχα, (ἐνήνεγμαι), ἠνέχθην, 견디다, 데려오다

φημί, ἐρῶ, εἶπον, εἴρηκα, εἴρημαι, ἐρρέθην 또는 ἐρρήθην, 말하다 (λέγω의 기본부분으로 간주되기도 함. 현재는 주로 λέγω 사용)

φιλέω, (φιλήσω), ἐφίληκα, πεφίληκα, (πεφίλημαι), (ἐφιλήθην), 사랑하다

φοβέομαι, 부정과거 ἐφοβήθην, 수동태 dep. 두려워하다

φυλακή, ἡ, 파수, 감옥

φωνή, ἡ, 음성, 소리

φῶς, φωτός, τό, 빛

χαίρω, χαρήσομαι, 2 부정과거 수동태 ἐχάρην, 즐거워하다

χαρά, ἡ, 기쁨

χάρις, χάριτος, ἡ, 은혜
χείρ, χειρός, ἡ, 손
Χριστός, ὁ, 그리스도, 즉 메시야
χρόνος, ὁ, 기간, 시간
χώρα, ἡ, 지방
χωρίς, 부, +소, ~와 거리가 먼

ψυχή, ἡ, 혼, 생명

ὧδε, 부, 여기
ὤν, οὖσα, ὄν, εἰμί의 현재 분사
ὥρα, ἡ, 시간
ὡς, 부, 접, ~처럼, 때에(수사와 함께, 약)
ὥσπερ, 부, 처럼
ὥστε, 접, 그래서(목적격과 부정사가 뒤따름)
ὤφθην, ὁράω의 부정과거 수동태

한-헬 어휘집

가까워지다 παραγίνομαι

가까이 ἐγγύς

가까이 오다 ἐγγίζω

가다 ἔρχομαι

가다 πορεύομαι, ἔρχομαι, βαίνω

가르치다 διδάσκω

가에 παρά+목

가지다 ἔχω

갈릴리 Γαλιλαία

감사하다 εὐχαριστέω,

감옥 φυλακή

같은 ὅμοιος

거기에 ἐκεῖ

거룩히 여기다 ἁγιάζω

건네주다 παραδίδωμι

걷다 περιπατέω

겉옷 ἱμάτιον

결코 ~않도록 μήποτε

계명 ἐντολή

고난당하다 πάσχω

고치다 θεραπεύω

곳에서 ὅπου

관하여 περί+소
광야 ἔρημος
교회 ἐκκλησία
구원 σωτηρία
구원하다 σώζω
구하다 ζητέω
군인 στρατιώτης
권세 ἐξουσία
권하다 παρακαλέω
귀 οὖς
귀신 δαιμόνιον
그 ὁ, ἡ, τό
그것 αὐτό
그때에 τότε
그래서 ὥστε
그러나 ἀλλά, δέ
그러므로 οὖν
그리고 καί, δέ
그리고 아니 οὔτε, οὐδέ, μηδέ(직설법 외)
그리스도 Χριστός
그 사람 αὐτός
그 여자 αὐτή
그 자신의 ἑαυτοῦ
글자 γράμμα

기도하다 προσεύχομαι
기쁨 χαρά
기초하여 ἐπί+여
길 ὁδός
까지 ἕως
깨끗한 καθαρός

나 ἐγώ
나란히 παρά+목
나 자신의 ἐμαυτοῦ
나가다 ἐκπορεύομαι, ἐξέρχομαι
나쁜 κακός
나에게 속한 ἐμός
나오다 ἐξέρχομαι
나타내다 δηλόω, φανερόω
날 ἡμέρα
남은 λοιπός
남자 ἀνήρ
낳다 γεννάω
내던지다 ἐκβάλλω
내려가다 καταβαίνω
너 자신의 σεαυτοῦ
너에게 속한 σός
너희에게 속한 ὑμέτερος

넘겨받다 παραλαμβάνω
넷 τέσσαρες
노예 δοῦλος
놀라다 θαυμάζω
놓다 τίθημι
놓아주다 ἀπολύω
누구 τίς
누구든지 ὅστις
누군가 τις
눈 ὀφθαλμός

다른 ἄλλος, ἕτερος
다섯 πέντε
다스리다 ἄρχω
다시 πάλιν
단지 μόνον
대답하다 ἀποκρίνομαι
대신 ἀντί+소
대신하여 ὑπέρ+소
대제사장 ἀρχιερεύς
대항하여 ἐπί+목
대항하여 κατά+소
더 강한 ἰσχυρότερος
더 많은 πλείων

더 이상 아니 οὐκέτι, μηκέτι(직설법 외)
더 좋은 κρείσσων
더 큰 μείζων
더욱 μᾶλλον
던지다 βάλλω
데려가다 φέρω, προσφέρω
도시 πόλις
도 아니 οὔτε
돌 λίθος
돌려주다 ἀποδίδωμι
돌아서다 ἐπιστρέφω
돌이키다 ὑποστρέφω
동안에 ἕως
되다 γίνομαι
두려워하다 φοβέομαι
둘 δύο
둘레에 περί+목
듣다 ἀκούω
들어가다 εἰσέρχομαι
들어올리다 αἴρω, ἀναλαμβάνω
따라서 οὖν
따르다 ἀκολουθέω
따른 κατά+목
땅 γῆ

때 καιρός(정해진 시각)
때까지 ἕως+소
때문에 διά+목
때에 ἐπί+소, ὅτε, ὡς
떠나가다 ὑπάγω, ἀπέρχομαι
떠나다 λείπω
떡 조각 ἄρτος
떨어지다 πίπτω
또는 ἤ
뜻 θέλημα

로부터 ἀπό+소, παρά+소

마시다 πίνω
마을 κώμη
마음 καρδία
마지막의 ἔσχατος
만들다 ποιέω
만일 εἰ, ἐάν
만큼 큰, 많은 ὅσος
많은 πολύς
말씀 λόγος, ῥῆμα
말하다 λέγω, φημί
머물다 μένω
먹다 ἐσθίω

면전에서 ἐνώπιον+소
면전에서 ἔμπροσθεν+소
면전에서 παρά+여
멸망하다 ἀπόλλυμι 또는 ἀπολλύω
명령하다 κελεύω
모든 ὅλος
모든 πᾶς
모으다 συνάγω
몸 σῶμα
무덤 μνημεῖον
무리 ὄχλος, πλῆθος
묻다 ἐρωτάω, ἐπερωτάω
물 ὕδωρ
민족 ἔθνος
믿다 πιστεύω
믿음 πίστις

바다 θάλασσα
바라다 ἐλπίζω
바라보다 θεωρέω
바리새인 Φαρισαῖος
박해하다 διώκω
밖에 ἔξω+소
밖으로 ἐκ+소(모음 앞에서는 ἐξ)

받다 δέχομαι

발 πούς

밤 νύξ

밭 ἀγρός

배 πλοῖον

백성 λαός

베드로 Πέτρος

보내다 πέμπω, ἀποστέλλω(사명과 함께)

보다 βλέπω, ὁράω

보다 ἤ

보라 ἰδού

보여주다 δείκνυμι 또는 δεικνύω

복된 μακάριος

복음 εὐαγγέλιον

복음전하다 εὐαγγελίζομαι

부르다 καλέω

불 πῦρ

불쌍히 여기다 ἐλεέω

비슷한 ὅμοιος

비유 παραβολή

빚지다 ὀφείλω

빛 φῶς

사도 ἀπόστολος

사람 ἄνθρωπος

사랑 ἀγάπη

사랑하다 ἀγαπάω, φιλέω

사자 ἄγγελος

산 ὄρος

살 σάρξ

살다 ζάω

상당한 ἱκανός

생각하다 δοκέω

생명 ζωή

서기관 γραμματεύς

서로의 ἀλλήλων

서물 γραφή

선물 δῶρον

선생 διδάσκαλος

선지자 προφήτης

선포하다 κηρύσσω

선한 ἀγαθός

설득하다 πείθω

성령 πνεῦμα

성전 ἱερόν

세대 αἰών

세례주다 βαπτίζω

세상 κόσμος

세우다 ἵστημι
셋 τρεῖς
소경 τυφλός
소리 φωνή
소망 ἐλπίς
손 χείρ
순수한 καθαρός
스타디온 στάδιον
시간 ὥρα, χρόνος(기간), καιρός(정해진 시각)
시력을 회복하다 ἀναβλέπω
시몬 Σίμων
시작하다 ἄρχομαι
시험하다 πειράζω
신 θεός
신비 μυστήριον
신실한 πιστός
심판 κρίσις
심판하다 κρίνω
십자가에 달다 σταυρόω
쓰다 γράφω
씨뿌리다 σπείρω

아기 παιδίον

아니 οὐ(모음 앞에서는 οὐκ, 강한 숨표 앞에서는 οὐχ),
μή(직설법 외)
아들 υἱός
아래로 κατά+소
아래에 ὑπό+목
아름다운 καλός
아무도 아니 οὐδείς, μηδείς(직설법 외)
아버지 πατήρ
아이 τέκνον
아직 ἔτι
아직 아니 οὔπω
악한 πονηρός
안식일 σάββατον
안에 ἐν+여
안으로 εἰς+목
앉다 κάθημαι
알다 γινώσκω
알다 οἶδα
앞에 ἔμπροσθεν+소
앞에 πρό+소
앞에서 ἐνώπιον+소
야고보 Ἰάκωβος
약 ὡς
약속 ἐπαγγελία

어기다 λύω
어두움 σκότος
어디에 που
어떤 종류의 ποῖος
어떻게 πῶς
어머니 μήτηρ
언제든지 ὅταν
얹다 ἐπιτίθημι
얼굴 πρόσωπον
에게로 πρός+목
에게로 오다, 가다 προσέρχομαι
여기 ὧδε
여섯 ἕξ
여자 γύνη
여전히 ἔτι
역시 καί
역시 아니 οὐδέ, μηδέ(직설법 외)
열다 ἀνοίγω
열매 καρπός
영 πνεῦμα
영광 δόξα
영원한 αἰώνιος
영화롭게 하다 δοξάζω
옆에 παρά+여

예수 Ἰησοῦς
오다 ἔρχομαι
오천 πεντακισχίλιοι
올라가다 ἀναβαίνω
왕 βασιλεύς
왕국 βασιλεία
왜냐하면 γάρ
왜냐하면 ὅτι
요청하다 αἰτέω
용서하다 ἀφίημι
우리에게 속한 ἡμέτερος
우리의 ἡμέτερος
원하다 θέλω
위로하다 παρακαλέω
위에 ἐπί+소, +여, +목
위쪽에 ὑπέρ+목
위하여 ὑπέρ+소
유대인 Ἰουδαῖος
유일한 μόνος
율법 νόμος
은혜 χάρις
의 δικαιοσύνη
의로운 δίκαιος
의하여 ὑπό+소

의한 κατά+목
이 οὗτος
이다 εἰμί
이렇게 οὕτως
이름 ὄνομα
이미 ἤδη
이야기하다 λαλέω
인도하다 ἄγω
일 ἔργον
일어나게 하다 ἀνίστημι
일어나다 ἀνίστημι
일어나다 ἐγείρω
일으키다 ἐγείρω
입 στόμα
있는 ὤν
있다 εἰμί

자신에게 속한 ἴδιος
자신의 ἴδιος
작은 μικρός
작은 ὀλίγος
잘 καλῶς
장소 τόπος
저 ἐκεῖνος

적 ἐχθρός
적은 ὀλίγος
전체의 ὅλος
제사장 ἱερεύς
제외하고는 εἰ μή, ἐὰν μή(직설법 외)
제자 μαθητής
조차 καί
조차 아니 οὐδέ, μηδέ(직설법 외)
존경하다 τιμάω
종 δοῦλος
종족 γένος
좋은 καλός
죄 ἁμαρτία
죄인 ἁμαρτωλός
죄짓다 ἁμαρτάνω
주님 κύριος
주다 δίδωμι
주인 κύριος
죽다 ἀποθνήσκω, θνήσκω
죽은 νεκρός
죽음 θάνατος
죽이다 ἀποκτείνω
준비하다 ἑτοιμάζω
즉시 εὐθέως, εὐθύς

즐거워하다 χαίρω
증거 μαρτυρία
증거하다 μαρτυρέω
증인 μαρτυρία
지금 νῦν
지방 χώρα
지키다 τηρέω
진실 ἀλήθεια
진실한 ἀληθής
집 οἰκία, οἶκος

찾다 εὑρίσκω
책 βιβλίον
처럼 ὡς, καθώς, ὥσπερ
처럼 보이다 δοκέω
처음 ἀρχή
처음의 πρῶτος
천사 ἄγγελος
쳐다보다 ἀναβλέπω
추적하다 διώκω
축복하다 εὐλογέω
충만케 하다 πληρόω
충만한 πλήρης
충분한 ἱκανός

취하다 λαμβάνω

큰 μέγας

통과하다 διέρχομαι
통치자 ἄρχων
통하여 διά+소
파괴하다 ἀπόλλυμι 또는 ἀπολλύω
파괴하다 λύω
파수 φυλακή
평화 εἰρήνη
표적 σημεῖον
풀다 λύω
피 αἷμα
필요하다 δεῖ

하기 위하여 ἵνα+가정법
하기 위하여 ὅπως
하나 εἷς
하나님 θεός
하늘 οὐρανός
하려고 하다 μέλλω
하지 않도록 μή
한 바를 ὅτι
한편 . . . 또 한편 μέν . . . δε

할 수 있다 δύναμαι
함께 μετά+소, σύν+여
함께 오다 συνέρχομαι
합당하다 ἔξεστι(ν)
해 ἔτος
행하다 ποιέω
허용하다 ἀφίημι
형제 ἀδελφός
호수 θάλασσα
혼 ψυχή
홀로 μόνος
회개하다 μετανοέω
회당 συναγωγή
후에 μετά+목
힘 δύναμις